Kleine Helfer
für die Schülerhand

Deutsch

Sekundarstufe I

Bastelvorlagen zum BE-GREIFEN
von Methoden und Regeln

Verlag an der Ruhr

Impressum

Titel
Kleine Helfer für die Schülerhand
Deutsch Sekundarstufe I
Bastelvorlagen zum Be-greifen von Methoden und Regeln

Umschlagmotive
Hand: © Verlag an der Ruhr; Buch: © Michael Schulz; Füller: © Norbert Höveler; Reißnagel: © michaeljayberlin – Fotolia.com; Gestaltung: Verlag an der Ruhr

Illustrationen
Schere, Hand (Kopfzeile, Kapiteldeckblätter): © Verlag an der Ruhr; ansonsten siehe Copyrighthinweise

Druck
Heenemann GmbH & Co. KG, Berlin, DE

Verlag an der Ruhr
Mülheim an der Ruhr
www.verlagruhr.de

Geeignet für die Klassen 5–10

ISBN 978-3-8346-2917-3

Inhaltsverzeichnis

Vorwort

Liebe Kollegen,

„Wie geht die Fünf-Schritt-Lesemethode noch mal?" „Das haben wir doch schon so oft besprochen! Als erstes …" – Kommt Ihnen diese Situation bekannt vor? Oft wissen Schüler schon nach kurzer Zeit nicht mehr, was im Unterricht besprochen worden ist, selbst wenn es sich dabei um **Regeln und Methoden** handelt, die sie immer wieder anwenden müssen. Daher gilt es, schon bei der ersten Beschäftigung mit solchen Inhalten dafür Sorge zu tragen, dass die Schüler sie besonders **intensiv erarbeiten** und im Zweifelsfall wissen, wo sie **Hilfe finden**, wenn sie sich später doch einmal nicht mehr daran erinnern sollten.

Die **„kleinen Helfer"** in diesem Buch nutzen den Effekt, dass Schüler besonders gut lernen, wenn sie mehrere Sinne einsetzen. Etwas, was sie sprechen, hören und tun, verinnerlichen sie eher, als etwas, was sie nur hören. Denn durch das Basteln der „Helfer" für wichtige Methoden und Regeln lernen Schüler den Inhalt besonders gut kennen und haben eben nicht nur gelesen und gehört, sondern dabei auch selbst getan und gesprochen. Darüber hinaus bieten die Bastelvorlagen sogar einen doppelten Nutzen: Die selbstgebastelten Ergebnisse finden anschließend weitere Verwendung, sei es für Diskussionen oder Gruppenarbeit im Unterricht, sei es als praktische Merkhilfe, die wie ein Spickzettel solange gute Dienste leistet, bis sie sich dadurch überflüssig macht, dass der Schüler ihren Inhalt verinnerlicht hat.

Die Themen stammen dabei aus allen Bereichen des Deutschunterrichts:

- Helfer zum Argumentieren/Diskutieren
- Helfer für ein Feedback/Stimmungsbild
- Helfer zur Durchführung von Gruppenarbeit
- Helfer zum Vorwissen aktivieren/Informationen sammeln
- Helfer zum Erschließen von Texten/Lektüren
- Helfer zur Vorbereitung einer Präsentation
- Helfer zum Schreiben von Texten

So können Sie durch einige unserer „kleinen Helfer" in Zukunft unliebsame Wiederholungen im Unterricht vermeiden: Lassen Sie die Schüler zum Beispiel eine Rollkartei zu den „Basis"-Kommaregeln erstellen. Damit setzen sie sich zunächst mit den Regeln auseinander und haben in Zukunft immer ein kleines **Nachschlagewerk** griffbereit, wenn sie wieder eine wichtige Grundregel vergessen haben.

Das Heft ist so aufgebaut, dass Sie ganz am Anfang wichtige **methodisch-didaktische Hinweise** bekommen, die genau erläutern, zu welcher Regel oder Methode es eine Bastelvorlage gibt. Eine kurze Anleitung erklärt, wie diese umgesetzt wird und wie dann das Ergebnis aussehen soll. Schließlich wird erläutert, wann und wie die Methode/Regel mit dem „Helfer" im Unterricht eingesetzt werden kann. Im zweiten Teil finden Sie die **Bastelvorlagen**, die Sie Ihren Schülern kopieren können. Bei vielen Ergebnissen lohnt es sich, die bearbeiteten Werke zu laminieren, damit ihre Schüler lange etwas davon haben und sie griffbereit in ihrer Tasche, ihrem Materialkarton o.Ä. lagern können. Vielleicht fallen Ihnen im Anschluss ja sogar noch weitere „Helfer" ein, die sie selbst gestalten möchten.

In Zukunft können Sie so möglichst häufig Ihre wiederholten Erklärungen durch den Satz „Überprüfe es selbst!" ersetzen.

Wir wünschen Ihnen und Ihren Schülern viel Erfolg und Freude mit den Materialien.

Ihr Team vom Verlag an der Ruhr

Legende zu den Linien

- - - - - - - -	— — —	________
= schneiden	*= knicken*	*= schreiben etc.*

Foto: © Oleg Kozlov – Fotolia.com

Methodisch-didaktische Hinweise

Methodisch-didaktische Hinweise

Helfer zum Argumentieren/Diskutieren

S. 22 Brennpunkt- oder Schneeballmethoden-Schema

Die Brennpunkt- oder Schneeballmethode ist eine hervorragende Technik, um in größeren Gruppen Entscheidungen zu treffen und gleichzeitig kommunikative und soziale Kompetenzen zu schulen. Sie können dabei sicher sein, dass der Vorschlag tatsächlich von den Schülern ausging und von der Mehrheit der Klasse getragen wird, denn alle haben an der Entscheidungsfindung teilgenommen. Als Hilfe können die Schüler die Schneeball-Vorlage ausfüllen und mit deren Hilfe das System einüben.

Anleitung → Kopieren Sie die Vorlage für jeden Schüler. Als erstes machen sie sich in Einzelarbeit Gedanken und Notizen zu einer Fragestellung. Wenn es um eine konkrete Entscheidung geht, sollten sie nun einen Vorschlag machen und ihn begründen können. Sie notieren diesen auf ihrem Zettel. Die Schüler finden sich dann zu Paaren zusammen und besprechen ihre Ergebnisse. Beide erläutern und vertreten ihren Vorschlag und gemeinsam einigen sie sich auf einen der Vorschläge oder erarbeiten einen Kompromiss. Es ist ganz wichtig, dass am Ende der Partnerarbeit ein Vorschlag feststeht. Auch diesen notieren die Schüler auf einem ihrer Zettel und knicken ihre einzelnen Vorschläge ab. Nun finden sich jeweils zwei Paare zusammen, sodass (diesmal in einer 4er-Gruppe) wieder zwischen zwei Vorschlägen, die auf einem gemeinsamen Blatt notiert werden, entschieden werden muss. Sobald die Gruppe sich auf eine Lösung geeinigt hat und diese auf dem Zettel steht, werden wiederum die vorherigen Ideen weggeknickt. Nun können die 4er-Gruppen ihre Ergebnisse im Plenum vortragen. Mit der Vorlage kann es in keinem Punkt zu Verwirrung kommen bezüglich der Frage, wer mit wem zusammenarbeitet und welcher Vorschlag gerade der aktuelle ist.

S. 23 Pro-und Kontra-Karten

Pro- und Kontra-Karten können Sie einsetzen, um mit Ihren Schülern aktiv Entscheidungen zu erarbeiten oder komplexe Themen zu erörtern – im Idealfall natürlich in einer ganz konkreten, lebensnahen Situation: Vielleicht planen Sie einen gemeinsamen Ausflug und Ihre Schüler dürfen mitentscheiden, wohin es gehen soll? Oder Sie haben aufgeschnappt, dass in der Klasse kontroverse Themen, wie das Handyverbot auf dem Schulhof, diskutiert wurden? Die Schüler können mithilfe der Karten ihre Fähigkeit trainieren, ausgewogene, durchdachte Entscheidungen zu treffen und ihre Meinung zu begründen. Die Karten eignen sich daher für jede Form der Debatte.

Anleitung → Die Schüler schneiden die Karten aus und kennzeichnen sie je nach Gruppe, indem sie sie mit unterschiedlichen Farben markieren, ihnen jeweils ein Icon hinzufügen o.Ä. (z.B. ein „Daumen hoch" für Pro, „Daumen runter" für Kontra, und ein „Victory" für die eigene Meinung). In Einzelarbeit oder kleinen Gruppen machen die Schüler sich über das vorgegebene Thema Gedanken. Um sich dem problematischen Thema gegenüber zu positionieren, benutzen sie die Satzanfänge, die ihnen gedankliche Strukturierungshilfe bieten: Sie versuchen, die Sätze auf den Karten zu beenden und zwar zunächst diejenigen, die mit Pro und Kontra Argumente für die unterschiedlichen Positionen sammeln. Hinterher folgen die Sätze, in denen die Schüler ihre eigene Meinung bilden und darstellen sollen. Im Anschluss werden die Ergebnisse im Plenum diskutiert und die Schüler stellen sich gegenseitig ihre Meinungen zum Thema vor. Auch hierbei können sie die Karten zu Hilfe nehmen, um zu argumentieren und ihren Standpunkt darzustellen.

Tipp → Lassen Sie die Schüler die Karten zunächst auf den Arbeitsblättern gestalten, sammeln Sie sie ein und laminieren Sie sie. Dann teilen Sie die Seiten wieder aus und die Schüler zerschneiden sie dann; dieses Vorgehen erhöht die Lebensdauer der Karten.

Methodisch-didaktische Hinweise

Helfer für ein Feedback/Stimmungsbild

S. 25 Feedback-Karten

Um eine schnelle Rückmeldung von Schülern zu erhalten, eignet sich gut eine einfache Abstimmung in der Klasse. Um die Übersicht zu behalten und schnell einen guten Überblick über das Ergebnis zu erlangen, können die Schüler Karten hochhalten, mit denen sie ihre Meinung zeigen können.

Anleitung → Kopieren Sie die Vorlage für die Karten auf feste Pappe. Lassen Sie die Schüler die Karten ausschneiden und farbig anmalen (oder Sie kopieren sie sofort auf farbigen Karton): rot für die negative Rückmeldung, grün für die positive und blau für die neutrale.
Möchten Sie eine Rückmeldung auf eine Frage, halten die Schüler die entsprechende Karte hoch (gegebenenfalls können Sie vorher ausschließen, dass die blaue Karte gezeigt werden darf).

Tipp → Wenn Sie die Karten laminieren, halten sie länger.

S. 26 Blitzlicht-Pyramide

Sowohl vor, als auch während und nach einer Unterrichtseinheit eignet sich eine Blitzlichtrunde, um eine Rückmeldung aller Schüler zu einem Thema zu erhalten. Als Einstieg können Sie so das Vorwissen der Schüler aktivieren und ihre Interessen evaluieren. Während einer Unterrichtsphase hilft die Methode, die Motivation der Schüler zu reanimieren und ggf. auftretenden Problemen auf die Spur zu kommen und sie zu lösen. Zum Abschluss einer Einheit ermöglicht die Methode ein umfassendes Feedback zum Themenkomplex und zum Ablauf. Außerdem lernen die Schüler dabei, ihre Meinung – und eventuelle Kritik – geschickt auszudrücken.

Anleitung → Kopieren Sie die Pyramidenvorlage für jeden Schüler auf Kartonpapier oder Pappe. Die Schüler schneiden sie aus und kleben die Pyramide zusammen. Soll eine Blitzlichtumfrage gestartet werden, stellen die Teilnehmer die Pyramide vor sich auf. Geben Sie eine Impulsfrage vor, zu der die Schüler nacheinander in jeweils 1–2 Sätzen in der Ich-Form ihre persönliche Meinung äußern. Dabei werden die Äußerungen der Teilnehmer weder kritisiert noch kommentiert. Notieren Sie dabei die wichtigsten Punkte in einem Stichwortprotokoll oder bitten Sie einen Schüler, das zu tun. Eine Diskussion findet erst statt, sobald alle Schüler in der Runde Stellung genommen haben. Als kleine Unterstützung können die Schüler die Blitzlicht-Satzanfänge auf der vorgegebenen Pyramide benutzen: Sie stellen diese so hin, dass sie die Anfänge für die entsprechende Situation vor sich haben und können eine Formulierung davon auswählen. Manchen Schülern fällt es dann leichter, etwas zu sagen und sie verfallen nicht ganz so schnell der Versuchung, nur den Satz des Vorgängers zu wiederholen.

S. 27 Gefühlsdaumenkino

In der Schule gibt es zahlreiche Anlässe, zu denen eine Rückmeldung der Schüler erwünscht wird. Sie sollen einzelne Arbeitsphasen, Stunden oder sogar ganze Unterrichtsreihen reflektieren und dabei besonders auf für sie lernförderliche bzw. -hinderliche Faktoren eingehen, die angeben, wie sie sich bei der Arbeit gefühlt haben. Doch oft fällt es den Schülern schwer, die richtigen Worte zu finden, um Gefühle auszudrücken. Als Hilfestellung eignet sich hier das Gefühlsdaumenkino, da es einen Sprech- oder Schreibanlass liefert.

Anleitung → Kopieren Sie die Gefühlskarten für jeden Schüler. Diese schneiden sie auseinander und sortieren sie von ganz schlechten bis zu sehr guten Gefühlen. Dazu überlegen sie sich ein Motiv für ein Daumenkino und zeichnen dieses auf den unteren Rand des Kärtchens. Sind alle fertig, werden die Seiten an der markierten Stelle zusammengeklebt und am besten von außen mit Klebeband noch einmal verstärkt. Sollen die Schüler nun eine Rückmeldung zu einem Unterrichtsprojekt geben,

Methodisch-didaktische Hinweise

können sie das Daumenkino durchblättern. An der Stelle, deren Bild am besten ihrer Gefühlslage während des Projekts entspricht, halten sie dann an und wählen 1–2 Seiten aus, deren Adjektive ihren Gedanken entsprechen. Sollten mehrere Schüler dieselbe Stelle ausgesucht haben, können sie sich zusammentun. Schriftlich oder mündlich äußern sie sich nun in einigen Sätzen,

- **warum sie sich für diese bestimmte Seite entschieden haben,**
- **was, ihrer Meinung nach, dieses Gefühl verursacht hat,**
- **ob sie einen Verbesserungsvorschlag haben (z. B. wie man eine positivere Gruppendynamik erreichen könnte) und**
- **was sie in die Zukunft mitnehmen.**

Im Plenum wird die Reflexion ausgewertet und ein Schüler kann auf einem Plakat die wichtigsten Punkte festhalten, an denen sich die Klasse zukünftig orientieren kann.

Tipp → Das Daumenkino kann den Schülern beim Schreiben von Geschichten helfen, indem sie darin die Formulierungen für Gefühle finden.

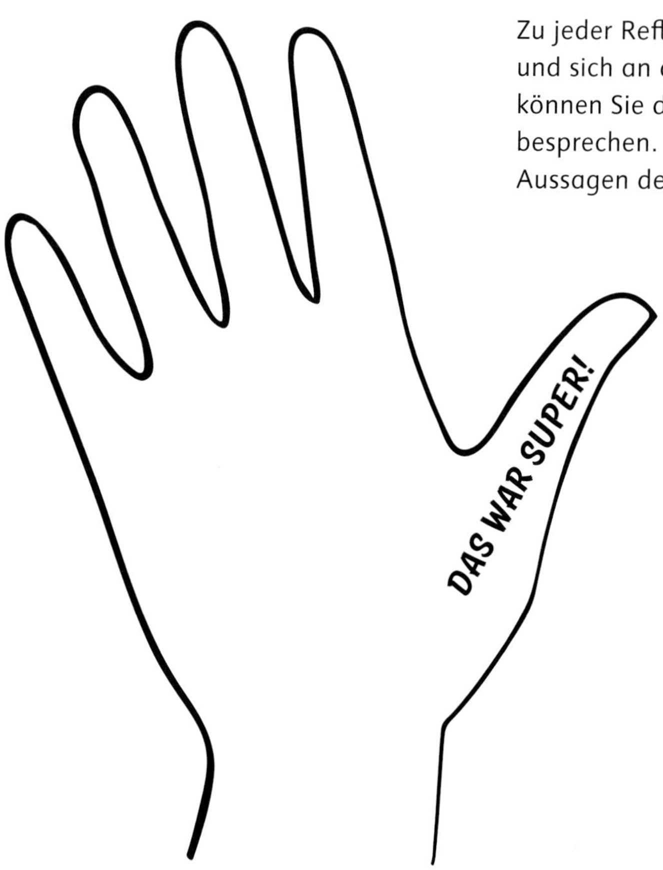

S. 29 Reflexionshand

Mithilfe der Reflexionshand kann jeder Schüler für sich eine abgeschlossene Unterrichtseinheit oder eine Gruppenarbeitsphase auswerten. Dabei sind z. B. der eigene Lernzuwachs, die emotionale Verfassung, ggf. aufgetretene Gruppenprozesse und daraus resultierende Erkenntnisse zu beachten. Die klare Aufteilung der Methode hilft den Schülern dabei, ausgewogene, mehrdimensionale Ergebnisse zu erzielen.

Anleitung → Auf einem Arbeitsblatt ist eine Hand abgebildet. Jeder der Finger steht für eine bestimmte Aussage, die die Schüler in einer Reflexionsphase schriftlich oder mündlich abarbeiten. Dazu gestalten sie die Hand nach Geschmack, wobei sie in den Fingern folgenden Text einfügen (am besten zeigen Sie ihn über Folie oder schreiben die Sätze an die Tafel):

- **Daumen:** Daumen hoch! Das war super!
- **Zeigefinger:** Das könnte man besser machen.
- **Mittelfinger:** Das hat mir überhaupt nicht gefallen.
- **Ringfinger:** Das hat mich bewegt.
- **Kleiner Finger:** Das ist zu kurz gekommen.

Zu jeder Reflexion können sie dann darauf schauen und sich an den Fingern orientieren. Anschließend können Sie die Ergebnisse sammeln und im Plenum besprechen. Durch die Herangehensweise sind die Aussagen der Schüler gut vergleichbar.

S. 30 SMS/Tweet-Vorlage

Eine Möglichkeit zur schnellen, spontanen Auswertung bzw. Reflexion einer Unterrichtseinheit bieten SMS und Twittermeldung. Durch die Kürze der Nachrichtenformate klingt auch die Spontaneität der Äußerungen mit. Die Schüler müssen sich somit auf das Wesentliche konzentrieren und selektieren fast intuitiv, was ihnen besonders aufgefallen ist – ob positiv oder negativ.

Anleitung → Kopieren Sie ausreichend Vorlagen, sodass die Schüler immer einen Vorrat davon bei ihrem Material bereitliegen haben. Zum Abschluss einer Unterrichtseinheit werden sie dann aufgefordert, mithilfe der Vorlage einen kurzen Text an eine andere Person (z. B. den Sitznachbarn oder die Eltern) zu verfassen. Je nach vorgegebener Textart verändert sich auch der Stil der Rückmeldung: Bei SMS und Twitter verlaufen Korrespondenzen umgangssprachlicher als bei anderen Nachrichten und Texten. Hier haben die Schüler nur eine begrenzte Anzahl an Zeichen zur Verfügung, dürfen daher auch Abkürzungen benutzen und besonders bei Twitter gegebenenfalls auch Hashtags einsetzen. Gegebenenfalls können Sie eine Leitfrage vorgeben, an der sich die Schüler orientieren sollen. Lassen Sie die Nachrichten vorlesen oder kommen Sie zu einem späteren Zeitpunkt noch einmal darauf zurück, um die Eindrücke der Schüler zu besprechen.

S. 31 Evaluations-Zielscheibe

Die Zielscheibe ist ein klassisches Evaluationswerkzeug mit dessen Hilfe Schüler zu einem Thema eine Rückmeldung geben können.

Anleitung → Kopieren Sie jedem einzelnen Schüler eine Zielscheibe. Diese schneiden sie aus, malen sie ggf. an und laminieren sie. Zur Evaluation einer Unterrichtsreihe unterteilen die Schüler die Zielscheibe in unterschiedliche „Tortenstücke", zu denen Sie ein Feedback haben möchten (am besten zeigen Sie den Schülern eine vorbereitete Version). Zu einer Lektüre könnte die Zielscheibe z. B. in vier Teile eingeteilt werden:

- **Ich fand die Lektüre spannend geschrieben.**
- **Mir hat das Thema der Lektüre gefallen.**
- **Ich konnte mich gut in die Protagonisten hineinversetzen.**
- **Ich würde das Buch auch in meiner Freizeit lesen.**

Die Schüler teilen die Zielscheibe ein und schreiben die vorgegebenen Kategorien in den äußersten Ring. Beides sollte mit Folienstiften geschehen, um die Zielscheibe später wiederverwerten zu können. Dann kreuzen die Schüler jeweils an, wie sie zu den Sätzen stehen: Und zwar im mittleren Kreis, wenn die Aussagen bei ihnen ins Schwarze getroffen haben und weiter außen, je weniger sie den Sätzen zustimmen. Die Ergebnisse können dann ausgehängt oder in einer großen Zielscheibe gesammelt werden. Damit entsteht eine schöne Übersicht darüber, wie ein Thema von den Schülern gesehen wird.

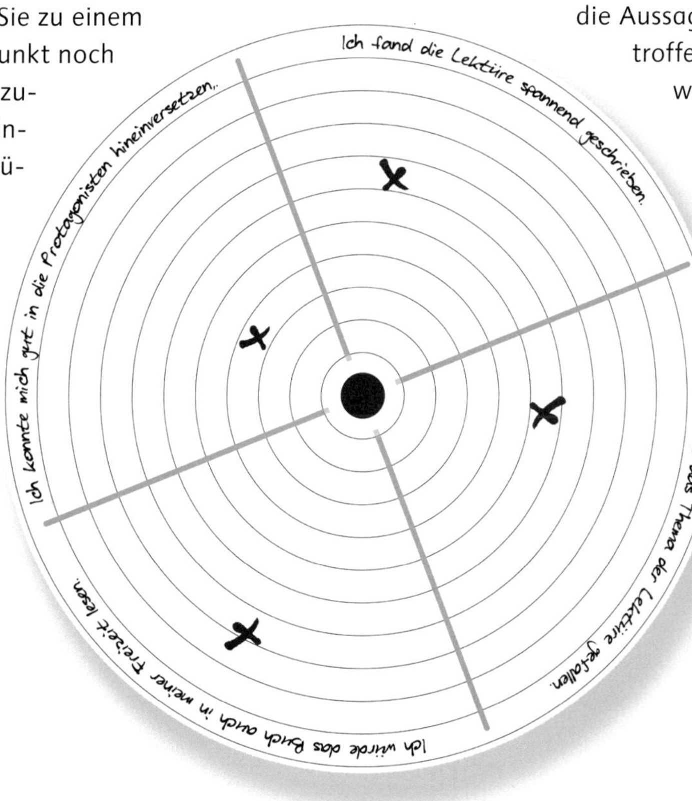

Helfer zur Durchführung von Gruppenarbeit

S. 32 Gruppenpuzzle-Puzzle (Jigsaw-Puzzle)

Ein Gruppenpuzzle ist eine kooperative Arbeitsmethode, mit der Sie eine Fülle an Themen erarbeiten können. Es bedarf allerdings zunächst einer Vorbereitung. Damit die Schüler sich an die Methode erinnern, können sie vorher das Puzzle zur Hand nehmen.

Anleitung → Kopieren Sie für jeden Schüler ein Puzzle auf feste Pappe. Die Schüler können sie dann farbig gestalten und schneiden die Teile hinterher auseinander. Zu Beginn der Stunde, in der das Gruppenpuzzle stattfinden soll, können sie die Teile zusammenfügen und sich damit den Ablauf vergegenwärtigen. Gliedern Sie Ihr Thema in mehrere Teilaspekte und stellen Sie jeweils dazu Material bereit. Dann teilen Sie Ihre Klasse in etwa gleich große „Stammgruppen" auf, entsprechend der Anzahl der Teilthemen. Jedes Mitglied einer Stammgruppe übernimmt ein Teilthema und ist so wiederum Mitglied einer anderen Expertengruppe. Die jeweiligen Expertengruppen erarbeiten gemeinsam ihr spezielles Thema und tragen es dann in ihre Stammgruppen hinein, sodass jede Stammgruppe Expertenwissen aus jedem Bereich erhält.

S. 33 Denkwürfel für Perspektivwechsel

Diese Methode eignet sich besonders zur Erschließung komplexer Problemstellungen, für eine multiperspektivische Betrachtung von Ideen, Gedanken oder Sachverhalten. Sie trainiert die Entscheidungsfindung der Schüler sowie die sachliche Kommunikation untereinander.

Anleitung → Kopieren Sie die Würfelvorlage für jeden Schüler auf Karton oder Pappe. Die Schüler schneiden sie aus und kleben den Würfel zusammen. Zur Bearbeitung eines Themas bilden sie dann 6er-Gruppen um eine Fragestellung, ein Problem o. Ä. zu diskutieren. Hierbei gilt, dass jeder der Teilnehmer eine andere Rolle im Gespräch einnehmen soll. Anhand des Würfels werden folgende Rollen verteilt:

- **Der Analytiker:** Er steht dem Problem objektiv gegenüber und orientiert sich an Zahlen, Daten und Fakten.
- **Der Emotionale:** Er zeichnet sich durch Subjektivität aus und lässt sich von seinen Gefühlen lenken – ob positiv oder negativ. Seine Stärken sind Emotion und Intuition. Dadurch kann es auch zu widersprüchlichen Aussagen kommen.
- **Der Pessimist:** Der Schwarzmaler ist zwar objektiv, allerdings beschränkt er sich ausschließlich auf negative Argumente. Er kritisiert und hebt bevorzugt begründete Risiken und Diskrepanzen hervor.
- **Der Optimist:** Als Gegenstück zum Pessimisten konzentriert der Optimist sich auf positive Aspekte und betont konstruktiv Vorteile und Chancen.
- **Der Kreative:** Dieser Ideensammler liebt Innovation und ist immer auf der Suche nach Neuem. Er kritisiert nicht, er assoziiert und produziert.
- **Der Ordentliche:** Er arbeitet strukturiert und sorgt durch seine distanzierte Sicht auf die Situation für den Durch- und Überblick. Am Schluss fasst er die Ergebnisse zusammen.

Je nach Klassengröße ist eine Aufteilung in 6er-Gruppen eventuell nicht möglich. In diesem Fall können auch kleinere Gruppen mit weniger Rollen gebildet werden, wobei der „Ordentliche" immer vertreten sein sollte. Die Schüler bearbeiten/diskutieren nun das vorgegebene Thema aus ihren „erwürfelten" Perspektiven. Zwischendurch können sie immer wieder auf dem Würfel nachsehen, was ihre Rolle in der Gruppe ist. Am Schluss werden die Ergebnisse aller Gruppen in der Klasse vorgestellt. Die Schüler können ein Thema auch in Einzelarbeit auf diese Weise bearbeiten: Sie machen sich zu jeder Würfelseite Notizen („Was würde der … sagen?") und fassen am Schluss ihre Ergebnisse als „der Ordentliche" zusammen.

Helfer zum Vorwissen aktivieren/Informationen sammeln

S. 34 Brainstorming-, Mindmap-, Clustertabelle

Diese Assoziationsmethoden sind sinnvolle Hilfsmittel zur Stärkung der kreativen Ideenfindung, Problemlösung und Systematisierung. Den Schülern ist der Unterschied zwischen den Methoden jedoch oft nicht klar. Deshalb erhalten sie eine Übersicht, in der sie die wichtigsten Merkmale vorfinden.

Anleitung → Teilen Sie den Schülern die Vorlage für die Übersicht aus. Diese schneiden nun sowohl die Tabelle zum Aufkleben sowie die Satzenden zum Ergänzen aus. Die Satzenden knicken sie in der Mitte um, kleben sie zusammen und schneiden sie auseinander. Dann werden die Satzstreifen gemischt und mit den Halbsätzen nach oben ausgelegt. Allein oder in Partnerarbeit legen die Schüler nun die Sätze passend zusammen. Sind alle Sätze fertig, können sie die Lösung kontrollieren, indem sie die Satzenden umdrehen und sich die Lösung ansehen. Anschließend können sie die Sätze aufkleben und haben eine Übersicht über die drei Methoden.

Gemeinsam ist den Methoden, dass sie als Ausgangspunkt einen Begriff, eine Frage o.Ä. an der Tafel oder auf einer Folie festhalten und Ihre Schüler dazu ermuntern, ihre Gedanken zu dem gegebenen Impuls zu äußern. Dabei sollten Sie betonen, dass alle Ideen zunächst wertfrei zur Kenntnis genommen werden und dass man sich mit Kritik zurückhalten soll. Erst in einem nachfolgenden Schritt werden die Vorschläge ausgewertet. Die Schüler lernen so, wie sie sich kreativ-visuell einer Frage- oder Problemstellung annähern können.

- Beim **Brainstorming** stellen Sie den Gesprächsgegenstand und eventuell nötige Informationen vor. Überlegen Sie außerdem schon jetzt, nach welchen Kriterien die Brainstorming-Ideen im Anschluss weiter bearbeitet werden sollen und was mit dem Ergebnis passieren soll: Möchten Sie eine Übung zum kreativen Schreiben anschließen? Oder soll die Übung zur Aktivierung beitragen, um eine neue Unterrichtseinheit einzuläuten? Danach kann es ruhig ausgefallen zugehen, die Schüler sollen ihrer Kreativität freien Lauf lassen und Gedanken und Begriffe jeglicher Art notieren, die sie mit dem Thema verbinden. Notieren Sie dann die Vorschläge stichwortartig als Liste auf der Folie bzw. an der Tafel. Wenn jeder Schüler mindestens eine Idee genannt hat, können Sie die Auswertungskriterien bekanntgeben und mit der Arbeit fortfahren.
- Die **Mindmap** funktioniert ähnlich wie das Brainstorming. Auch hier ist die Kreativität der Schüler gefragt. Allerdings notieren sie die Ideen nicht in freier Form, sondern sortieren diese direkt zu sinnvollen Themeneinheiten und strukturieren sie in einem „Astgeflecht" von Ober- und Unterthemen. Sie versuchen dabei, die Vorschläge so miteinander zu verzweigen, dass ein logischer Gedankenweg erkennbar wird. Sie können Farben nutzen, um die Struktur noch deutlicher hervorzuheben und kleine Zeichnungen, um das Geflecht anschaulich und auf einen Blick verständlich zu machen.
- Das **Cluster** bildet einen Mittelweg zwischen Brainstorming und Mindmap. Die Schüler sammeln Ideen und zeichnen inhaltliche Zusammenhänge direkt durch Verbindungen ein. Auch kleine Symbole (Ausrufezeichen, Fragezeichen) können helfen, Zusammenhänge zu visualisieren. Die so entstehenden Assoziationsketten helfen oftmals, auf neue Gedanken zu kommen und ermöglichen den Schülern nicht lineares Denken.

Tipp → Damit die Schüler die Unterschiede besser lernen, können sie die Satzenden auch nicht aufkleben sondern als Puzzle in ihren Unterlagen behalten. Liegt eine der Methoden an, legen sie die Sätze jedes Mal vorher neu zusammen und wiederholen so die Merkmale der verschiedenen Methoden.

S. 35 Wörterbuch-Lesezeichen

Der Umgang mit dem Wörterbuch will gelernt sein! Für viele Schüler stellt es allerdings gar keine praktische Hilfe dar, weil das Nachschlagen einfach zu lange dauert. Deshalb finden sie auf dem vorliegenden Lesezeichen Tipps, die die Arbeit mit dem Wörterbuch erleichtern.

Anleitung ➜ Die Schüler schneiden das Lesezeichen aus, gestalten es farbig o. Ä. und kleben es zusammen, sodass sie auf der einen Seite das Alphabet und auf der anderen die grundlegenden Tipps zum Nachschlagen noch einmal aufgeschrieben finden. Hübsch laminiert kann es immer im Wörterbuch liegen bleiben und ist direkt an Ort und Stelle, wenn die Schüler es brauchen.

S. 36 ABC-Methode

Die ABC-Methode ist eine Kreativitätsmethode, die Sie zu Beginn einer Unterrichtsreihe einsetzen können, um Vorwissen der Schüler zu aktivieren und zugleich als Lehrkraft einen Überblick darüber zu erhalten.

Anleitung ➜ Geben Sie einen Oberbegriff oder ein Thema vor und lassen Sie die Schüler Assoziationen sammeln – und zwar möglichst zu jedem Buchstaben des Alphabets eine. Am besten geschieht dies zunächst in Einzelarbeit mithilfe der Vorlage. Anschließend stellen die Schüler ihre Assoziationen im Plenum vor und Sie sammeln an der Tafel oder auf einer Folie. Lassen Sie die Schüler ihre Assoziationen ruhig begründen, aber seien Sie auch bereit, ein Stichwort stehenzulassen, wenn es zunächst keine schlüssige Erklärung gibt. Selbstverständlich können Sie die Methode auch zu anderen Zwecken einsetzen – zum Beispiel am Ende einer Unterrichtsreihe, um Feedback zu erhalten.

S. 37 Placemats

Die Placemat ist eine beliebte Methode zur Aktivierung und Evaluation von Vorwissen, kann allerdings ebenso gut während oder nach einem Thema oder einer Unterrichtseinheit eingesetzt werden, um eine konkrete Fragestellung in Kleingruppen zu diskutieren und in dieser zu einem Ergebnis zu kommen. Die Methode fördert zudem die Selbstkompetenz der Schüler, da diese sich der Fragestellung zunächst in Einzelarbeit annähern. Üblicherweise bestehen die Gruppen aus vier Schülern, je nach Klassengröße kann man davon aber auch abweichen und jeweils drei bis sechs Schüler gruppieren.Bereiten Sie für die Schüler dazu die Vorlage mit den Kästen vor, indem Sie ihnen diese kopiert austeilen. Kopieren Sie die zweite Seite auf Folie und halten Sie diese bei sich bereit.

Anleitung ➜ Damit die Schüler wissen, wie das Blatt für unterschiedliche konkrete Gruppenmitgliederzahlen aussehen muss, können sie die vorliegende Übersicht verwenden: Die Schüler zeichnen auf die Kopie die ihrer Meinung nach richtige Aufteilung mit Bleistift ein. Danach überprüfen sie ihre Zeichnungen mit der Lösungsfolie und verbessern sie gegebenenfalls.
Die Schüler setzen sich dann in Kleingruppen zusammen und erhalten einen Papierbogen. Da die Placemat groß sein muss, damit alle Schüler selber hineineinschreiben können, teilen Sie am besten einen DIN-A3- oder DIN-A2-Bogen aus.
Der Bogen wird nach der Vorlage so unterteilt, dass jedes Gruppenmitglied ein eigenes Feld bekommt. In der Mitte befindet sich ein weiteres Feld, wie ein „Platzdeckchen". Zunächst notieren die Schüler ihre Gedanken zum Thema stichwortartig in ihrem eigenen Feld. Danach drehen sie den Bogen und lesen nacheinander, was ihre Gruppenmitglieder geschrieben haben. Gemeinsam diskutieren sie nun die Antworten und entscheiden anschließend, welche Antworten sie als gemeinsames Ergebnis präsentieren möchten. Dieses tragen sie in das mittlere Feld ein, um es schließlich im Plenum vorzustellen.

Tipp ➜ Wenn Sie die Vorlagen für die Schüler laminieren, können diese die Aufteilung vor dem Placemat neu üben, indem sie mit Folienstift die Einteilung eintragen und sie nach der Arbeit wieder löschen.

Helfer zum Erschließen von Texten/Lektüren

S. 39 Fächer zur 5-Schritt-Lesemethode

Diese Methode eignet sich zur Texterschließung. Die Schüler lesen den Text in mehreren Schritten – vom Überfliegen und Fragenstellen bis zum Einteilen und Zusammenfassen – sodass sie sich am Ende intensiv mit den Inhalten auseinandergesetzt haben. Als Kopiervorlage erhalten die Schüler dazu einen Fächer, auf dem die einzelnen Schritte genau dargestellt sind.

Anleitung → Jeder Schüler bekommt eine Kopie der Fächervorlage, die er nur noch zerschneiden und mit einer Musterklammer zu einem Fächer zusammenstecken muss. So können die Schüler beim Arbeiten mit der 5-Schritt-Lesemethode sich ganz einfach Schritt für Schritt durchblättern:

- **Überfliegen:** Im ersten Schritt ist es die Aufgabe der Schüler, den Text zu überfliegen, um einen groben Überblick über das Thema und die Inhalte zu bekommen. Dazu empfiehlt es sich, gegebenenfalls vorhandenen (Zwischen-)Überschriften besondere Aufmerksamkeit zu schenken.
- **Fragen stellen:** Im nächsten Schritt überlegen die Schüler sich Fragen, zu denen der Text ihrer Meinung nach Antworten liefern könnte. Auf der einen Seite setzen sie sich so direkt mit dem überflogenen Text auseinander. Auf der anderen Seite beschäftigen sie sich auch mit den eigenen Interessen und Fragestellungen/Unklarheiten bezüglich des Textthemas.
- **Genau lesen:** Auf die Formulierung der Fragen folgt ein intensives Lesen. Dabei sollen die Schüler, wenn nötig, zunächst alle unbekannten Wörter in einem Lexikon oder im Internet nachschlagen und den Text markieren. Hierbei gilt: Unklare Passagen werden mit einem Fragezeichen hervorgehoben, wichtige Aussagen und Schlüsselwörter mit einem Ausrufezeichen oder durch Unterstreichen markiert.
- **Gliedern:** Als Nächstes teilen die Schüler den Text in sinnvolle Abschnitte ein und versuchen, zu jedem Abschnitt eine passende Überschrift zu finden, die den Inhalt knapp zusammenfasst. Hier ist es hilfreich, wenn sie eigene Worte verwenden, da sie sich bei der Formulierung noch einmal die Inhalte bewusster machen und so eventuelle Verständnisprobleme klar werden.
- **Zusammenfassen:** Abschließend versuchen die Schüler, die Hauptaussagen des Textes – die Thesen – zu formulieren. Dabei sollten sie auch noch mal die vorangegangenen Schritte berücksichtigen: Welche Fragen gab es in Schritt 2? Was wurde als wichtig markiert in Schritt 3? Und welche Überschriften wurden in Schritt 4 gefunden?

S. 40 Lesekonferenz-Teilnehmer

Die Lesekonferenz fördert einerseits die Lesekompetenz und andererseits die Kooperation der Schüler untereinander. Es geht darum, gelesene Texte zu besprechen und das Verständnis im Dialog zu vertiefen. Dazu übernimmt jeder Schüler in der Gruppe eine bestimmte Rolle, die er in der Diskussion ausfüllen soll. Dazu erhalten die Schüler jeweils ein Rollenkärtchen, das sie in der Gruppe sichtbar vor sich aufstellen können. Auf der Rückseite findet der Schüler Satzanfänge zu seiner Rolle, die er im Gespräch verwenden kann und die ihm so seine Aufgabe erleichtern.

Anleitung → Jede Gruppe erhält eine Vorlage mit den Rollenkarten. Die Schüler lesen die Satzanfänge und überlegen, welche Rolle wohl jeweils zu den Sätzen passt (**1: Gesprächsleiter, 2: Vorhersager, 3: W-Frager, 4: Zusammenfasser, 5: Erklärer**). Kontrollieren Sie die Rollenbezeichnungen, bevor die Schüler die Rollenkarten damit beschriften (lassen Sie dabei ruhig andere Begriffe, die inhaltlich passend sind, zu). Die Gruppe einigt sich dann, wer welche Rolle übernimmt, ggf. können auch mehrere übernommen werden, wenn die Anzahl nicht passt.

Methodisch-didaktische Hinweise

Die Schüler lesen nun in der Gruppe zunächst für sich einen Text und markieren wichtige Stellen. In Kleingruppen analysieren sie dann den Text oder bearbeiten unterschiedliche Aufträge (z. B. eine gemeinsame Erwiderung formulieren, ein Diagramm zum Text anfertigen usw.). Dabei agieren sie in den Rollen, die sie übernommen haben.

Tipp → Wenn die Schüler mit den Rollen in der Gruppe noch nicht vertraut sind, können Sie die Begriffe auch an die Tafel schreiben, sodass die Schüler sie den Satzanfängen nur zuordnen müssen.

S. 42 Lesetagebuch-Deckblatt

Lesetagebücher dienen zunächst der Dokumentation des eigenen Leseverhaltens bzw. Textverständnisses. Die Schüler werden angeregt, das Gelesene und die eigenen Gedanken regelmäßig schriftlich festzuhalten und gehen somit bewusster mit dem Lesestoff, den gewonnenen Erkenntnissen und auch mit Unklarheiten um.
Gegebenenfalls können den Schülern zudem Schreibanlässe oder konkrete Aufgaben zur Lektüre zur Verfügung gestellt werden. Außerdem bietet es sich an, verschiedene Texterschließungsstrategien, wie z. B. das Vergeben von Abschnitts-/Kapitelüberschriften, die Erarbeitung von Fragen an den Text oder das Umschreiben einzelner Passagen in eine andere Perspektive, zu integrieren. Diese können die Schüler dann ebenso reflektieren wie die Inhalte der Lektüre.

Anleitung → Kopieren Sie das Deckblatt und die Arbeitsanleitung für jeden Schüler, sodass sie einen Anfang für ihr Lesetagebuch haben. Sie gestalten das Deckblatt nach ihren Vorstellungen und ergänzen nach und nach das Inhaltsverzeichnis, sodass sie sich einen besseren Überblick über die Lektüre verschaffen können. Die Seiten heften die Schüler in eine Extra-Mappe, die sie im Laufe des Lesens immer weiter auffüllen.
Hier ein paar mögliche Arbeitsaufträge, die Sie den Schülern für das Lesetagebuch nennen können:

- Fasse das Kapitel zusammen.
- Welche Fragen hast du an das Buch?
- Schreibe einen Brief an den Autor.
- Schreibe einen Brief an die Hauptfigur.
- Notiere, was dir besonders gut gefallen hat.
- Entwirf einen Steckbrief für die Personen.
- Schreibe einen Text weiter.
- Schreibe einen Text um (z. B. in eine andere Zeit o. Ä.).
- Füge wichtige Zusatzinformationen ein (Landkarten, Wörterbucheinträge ...).
- Schreibe einen Brief oder einen Tagebucheintrag aus der Sicht einer der Figuren.
- Schreibe auf, welche Stellen dich traurig/fröhlich/nachdenklich gemacht haben.
- Überlege: Welche Figur hätte ich gerne als Freund? Welche Eigenschaften habe ich mit einer Figur gemeinsam, worin unterscheiden wir uns? Wäre ich gerne an der Stelle von Figur x?
- Schreibe eine Szene um, sodass du selber darin vorkommst.
- Schreibe eine Empfehlung für deine Mitschüler. Sollen sie das Buch auch lesen? Warum?
- Zeichne einen Comic zu einer Textstelle.
- Wie gefällt dir das Ende des Buches? Wie hätte es auch enden können?
- ...

S. 44 Windrose reziprokes Lesen

Das reziproke Lesen eignet sich, um die Texterschließung in der Gruppe zu trainieren. Die Textabschnitte werden nach und nach gelesen und jeweils im Anschluss in der Gruppe besprochen. Um die Schüler daran zu erinnern, wie sie mit dem Text umgehen können, erhalten sie eine Windrose mit den wichtigsten Schritten, die sie in die Mitte der Gruppe legen können.

Anleitung → Teilen Sie die Klasse in Gruppen von möglichst vier Schülern ein (bei mehr Schülern kann es auch Doppelrollen geben). Teilen Sie den Schülern das auf feste Pappe kopierte Blatt aus. Die Schüler schneiden die Pfeile aus und kleben sie ähnlich einer Windrose zusammen. Wenn Sie in die Mitte eine Reißzwecke stecken und diese auf einem Stück Pappe, Knete o. Ä. befestigen, entsteht eine Art Kreisel und zeigt auf den Schüler, der die entsprechende Aufgabe übernommen hat. Nun beginnt die Arbeit am Text. Jeder Schüler muss seinen Auftrag nicht unbedingt ganz alleine ausführen. Er hat aber in jedem Fall die Rolle des Gesprächsleiters für seinen Aufgabenbereich und macht den Anfang, um andere um Ergänzungen zu bitten.

- **Der erste Schüler formuliert Fragen, auf die der Text Antworten gibt. Hierbei kann der Rest der Gruppe bereits die Antworten geben.**
- **Der zweite Schüler fasst den Abschnitt möglichst in einem Satz zusammen.**
- **Der dritte beschäftigt sich mit unbekannten und/oder schwierigen Begriffen.**
- **Der vierte stellt Vermutungen darüber an, wie der Text weitergehen könnte.**

Die Aufträge können Sie nach den Stärken bzw. Schwächen der Schüler verteilen, sodass Sie entweder gezielt die Defizite trainieren oder die Motivation der Schüler erhöhen, indem jeder in seinen individuellen Fähigkeiten bestärkt wird. Außerdem übernimmt jedes Gruppenmitglied Verantwortung und das stärkt die Teamfähigkeit der Schüler. Optional können Sie auch nach jedem gelesenen Abschnitt die Aufträge der einzelnen Gruppenmitglieder neu verteilen, sodass jeder Schüler jede Aufgabe einmal übernommen hat. Dafür drehen Sie den Kreisel nach dem ersten Abschnitt einfach um einen Schüler weiter, sodass jeder eine neue Aufgabe bekommt. Im Idealfall hat dann am Ende des Textes jeder Schüler jede Aufgabe einmal übernommen.

Tipp → Wenn Sie nicht in der Gruppe arbeiten wollen, können Sie auch jeden Schüler eine Windrose basteln lassen. Während der Bearbeitung dreht er dann den jeweiligen Pfeil mit der Aufgabe, die er gerade bearbeitet, in Richtung des Textes.

S. 45 Zeilometer

Bei der Bearbeitung von Lektüren ist es wichtig, dass die Schüler korrektes Zitieren lernen. Ein Zeilometer ist dabei sehr hilfreich. Gleichzeitig kann es natürlich als Lesezeichen dienen.

Anleitung → Jeder Schüler erhält die Umrisse eines Lesezeichens, am besten auf festen Karton kopiert (es kann auch später auf Pappe aufgeklebt werden). Leider kann der Zeilenabstand in jedem Buch anders sein, deswegen muss das Zeilometer individuell erstellt werden: Die Schüler legen die Vorlage an eine Seite an, die komplett mit Text bedeckt ist. Nun markieren sie jeweils die erste und die letzte Zeile auf ihrem Zeilometer und dazwischen setzen sie Striche für jede fünfte bzw. zehnte Zeile (je nach Größe der Schrift), sodass das Lesezeichen einem Lineal sehr ähnlich sieht. Die Anleitung könnte dazu folgendermaßen aussehen:

- **Schneide die Vorlage für das Lesezeichen aus.**
- **Lege es auf eine voll bedruckte Seite deines Buches und male an jeder Zeile einen kleinen Strich an den Rand deines Lesezeichens. Male dabei jeden fünften Strich ein kleines Stück länger oder dicker.**
- **Nummeriere die Striche von oben nach unten durch. Du musst dabei nicht zu jedem Strich eine Zahl schreiben: Es reicht, wenn du in 5er-Schritten markierst.**
- **Schreibe den Namen des Buches auf dein Lesezeichen.**
- **Gestalte den Rest deines Lesezeichens wie es dir gefällt und zum Buch passt.**

Eine von Ihnen erstellte Vorlage kann Ihren Schülern zeigen, worauf es ankommt – Hauptsache ist nur, dass sie die Nummerierung der Zeilen anschließend am Originaltext vornehmen.

Methodisch-didaktische Hinweise

Helfer zur Vorbereitung einer Präsentation

S. 46 Referat-Klammerrätsel

Für die meisten Schüler lohnt es sich, sich die wichtigsten Regeln eines guten Referats immer wieder ins Gedächtnis zu rufen. Dazu bekommen sie eine Vorlage, anhand derer sie diese gut wiederholen können.

Anleitung → Kopieren Sie das Blatt mit den wichtigsten Sätzen. Die Schüler schneiden es aus, knicken es in der Mitte und kleben es zusammen. Vor jedem Referat können sie nun die Liste durchgehen und sich bei den Sätzen fragen, ob die darauf stehenden Regeln richtig oder falsch sind. Die richtige Lösung finden sie dann auf der Rückseite. Eine andere Möglichkeit ist es, wenn sich Paare zusammentun und sich gegenseitig die Regeln abfragen. Das kann abwechselnd mit Vorlesen durchgeführt werden, oder jeder markiert z. B. mit Büroklammern die Lösung (richtig oder falsch) am Rand. Anschließend vergleichen die Partner die Lösungen. Diese Art der Wiederholung ist natürlich auch im Klassenverband möglich. Im Anschluss an diese Vorbereitung können die Schüler einzeln oder in Gruppen an die Vorbereitung ihres Referates gehen. Die Übersicht können sie als Gedächtnisstütze bereitliegen haben.

S. 47 Redner-Domino

Auch das Präsentieren gehört in den Deutschunterricht, denn ein Referat kann noch so gut geschrieben sein – der gute Vortrag entscheidet am Ende darüber, ob die Mitschüler zuhören. Die wichtigsten Hinweise für einen guten Vortrag können die Schüler mithilfe dieses Dominos wiederholen.

Anleitung → Kopieren Sie die Dominovorlage, am besten auf dickeres Papier oder Karton. Die Schüler schneiden die Spielsteine auseinander und mischen sie gut durch. Kommen die Schüler bei der Vorbereitung eines Referats an die Stelle, an der sie sich mit dem Vortrag auseinandersetzen müssen, können sie das Domino zusammenlegen und sich so die wichtigsten Regeln für einen guten Vortrag wieder ins Gedächtnis rufen.

S. 48 Plakat-Mindmap

Ob begleitend zu einem Referat oder zur Präsentation der Ergebnisse nach einer Gruppenarbeit, Schüler müssen häufig Plakate für den Unterricht erstellen. Die wichtigsten Tipps dazu stellen sie in einer Mindmap zusammen.

Anleitung → Kopieren Sie das Blatt mit den Hinweisen für ein gutes Plakat für jeden Schüler und ziehen Sie die Lösung auf eine Folie. Die Schüler schneiden die einzelnen Sätze aus und legen sie auf einem Blatt Papier zu einer Mindmap zusammen. Anschließend kontrollieren sie das Ergebnis anhand der aufgelegten Folie und korrigieren gegebenenfalls ihr Ergebnis. Daraufhin kleben sie die einzelnen Sätze auf und ergänzen die Linien und Bilder dazwischen. Möglicherweise können sie weitere Punkte ergänzen. Die fertige Mindmap können sie dann immer wieder bei der Erstellung von Plakaten zu Rate ziehen.

Helfer zum Schreiben von Texten

S. 50 „Basis" Kommasetzung-Rollkartei

Das Akronym „BASIS" hilft den Schülern dabei, sich an die wichtigsten Kommaregeln zu erinnern. Sicherlich sind damit noch nicht alle Fallstricke der deutschen Interpunktion geregelt – aber den Schülern bieten diese Regeln eine einfache Möglichkeit, ihre Texte auf die häufigsten Zeichensetzungsfehler hin selber zu überprüfen. Die Karten werden dazu als Karteikarten zum Aufstellen auf dem Tisch gestaltet, sodass die Schüler die Regeln immer nachschlagen können.

Anleitung ➜ Kopieren Sie die Vorlage auf festen Karton oder die Schüler kleben das Blatt direkt auf Pappe oder Karteikarten. Sie schneiden die Kärtchen aus, knicken sie in der Mitte und kleben sie zusammen. Dazu schneiden sie ein etwas größeres Pappviereck aus, das in der Mitte geknickt wird (wie ein „Dach") und so zu einem Ständer für die Kärtchen wird. Dann werden die Kärtchen auf die Pappe gelegt und an der angegebenen Stelle ein Loch durch Karten und Pappe gebohrt. Durch die Löcher ziehen die Schüler einen Schlüsselring, eine zum Kreis gebogene Bürokklammer o. Ä., sodass sie die Karteikarten darüber klappen können.

Tipp ➜ Zusätzlich können die Schüler weitere Karteikarten mit wichtigen Kommaregeln handschriftlich ergänzen.

S. 52 Rechtschreibstrategien-Rollkartei

Die deutsche Rechtschreibung hat so viele Tücken, dass viele Schüler bis zum Ende ihrer Schullaufbahn damit kämpfen. Zum Glück gibt es ein paar Rechtschreibstrategien, die mit relativ wenig Aufwand bereits verhältnismäßig viele Fehler ausmerzen. Wie die Regeln zur Kommasetzung können die Schüler diese Hinweise auf Karteikarten zu einem Rollkarteisystem zusammenstellen.

Anleitung ➜ Kopieren Sie die Vorlage auf festen Karton oder die Schüler kleben das Blatt direkt auf Pappe oder Karteikarten. Sie schneiden die Kärtchen aus, knicken sie in der Mitte und kleben sie zusammen. Dazu schneiden sie ein etwas größeres Pappviereck aus, das in der Mitte geknickt wird (wie ein „Dach") und so zu einem Ständer für die Kärtchen wird. Dann werden die Kärtchen auf die Pappe gelegt und an der angegebenen Stelle ein Loch durch Karten und Pappe gebohrt. Durch die Löcher ziehen die Schüler einen Schlüsselring, eine zum Kreis gebogene Büroklammer o. Ä., sodass sie die Karteikarten darüber klappen können.

Tipp ➜ Zusätzlich können die Schüler weitere Karteikarten mit wichtigen Rechtschreibregeln handschriftlich ergänzen.

S. 54 Schreibtippfächer

Das kreative Schreiben versammelt unter seinem Namen eine Vielzahl von Methoden, die zum gleichen Zweck eingesetzt werden: Das Schreiben und die Freude daran sollen gefördert werden, ohne dass die Angst vor formalen Ansprüchen die Schüler daran hindert. Trotzdem darf dabei nicht außer Acht gelassen werden, was gutes Schreiben ausmacht. Deswegen gibt es hier für Schüler den „Schreibtippfächer", auf dem die Schüler immer wieder nachsehen können, worauf es beim Schreiben z. B. einer Geschichte ankommt.

Anleitung ➜ Jeder Schüler bekommt eine Kopie der Fächervorlage, die er nur noch zerschneiden und mit einer Musterklammer zu einem Fächer zusammenstecken muss (am besten, Sie laminieren die Fächerteile vorher, damit sie länger halten). Damit haben die Schüler hier immer Zugriff auf die wichtigsten Aspekte, die gutes Schreiben ausmachen.

Methodisch-didaktische Hinweise

S. 55 Drehscheibe Textanalyse

Für eine Analyse literarischer Texte müssen die Schüler verschiedene Aspekte im Auge behalten, die sie aus dem Text erarbeiten müssen. Mit der Drehscheibe in der Vorlage stellen Sie sicher, dass dabei kein Aspekt vergessen wird.

Anleitung → Kopieren Sie die Seiten für die Drehscheibe und teilen sie aus. Die Schüler kleben sie auf dicke Pappe und schneiden die Scheibe und die Hülle aus. Die Hülle kleben sie zusammen, stecken die Scheibe hinein und schneiden an der markierten Stelle ein Loch in die Pappen. Durch dieses Loch stecken sie eine Musterklammer so, dass einerseits alles zusammengehalten wird, sich die Scheibe andererseits aber noch frei drehen lässt.
Erhalten die Schüler nun die Aufgabe, einen Text zu analysieren, können sie die Drehscheibe dazu nutzen, sich nach und nach zu den einzelnen Aspekten Stichpunkte zu notieren, die sie später in ihrem Text verwenden wollen. Oder sie überprüfen mithilfe der Drehscheibe ihren Textentwurf daraufhin, ob sie auch nichts vergessen haben.

S. 57 Schreibkonferenz-Würfel

Bei dieser kooperativen Methode zur Förderung der Schreibkompetenz tun sich die Schüler in 3er- oder 4er-Gruppen zusammen und überarbeiten gemeinsam Textentwürfe der anderen Gruppenmitglieder. Für die Textproduzenten bedeutet die gegenseitige Überarbeitung einerseits, dass sie sich mit objektiven Textanalyse- und Bewertungskriterien auseinandersetzen, die sie andererseits bei der eigenen Textproduktion als Hilfestellung benutzen können.

Anleitung → Um genügend Platz zu haben, kann man den Text am besten mittig auf ein A3-Blatt schreiben bzw. kleben. Dann können die Schüler sich um den Text gruppieren, ihn gemeinsam lesen, auf Verständlichkeit und Inhalt prüfen und korrigieren. Sie können den Schülern als Hilfestellung dazu die Würfelvorlage aushändigen. Sie schneiden den Würfel aus und kleben ihn zusammen. Dann würfeln sie aus, welches Kriterium die Gruppe nun im Text überprüft. Hinweise, worauf sie dabei achten müssen, werden auf der entsprechenden Würfelseite gegeben. Die Gruppe diskutiert gemeinsam, wie der Text verbessert werden kann und notiert ihre Ergebnisse um den Text herum. Möglich ist auch, dass die Schüler für jedes Gruppenmitglied 1–2 Kriterien auswürfeln, auf die er den Text hin überprüfen und verbessern soll.
Am Ende der Gruppenarbeit wird der überarbeitete Text gemeinsam neu verfasst oder dem Urheber übergeben, der entscheidet, welche Überarbeitungsvorschläge er annehmen will.

Methodisch-didaktische Hinweise

S. 58 Stil-Schlüsselbund

Bestimmte Floskeln kehren in schulischen Texten immer wieder. Diese Kärtchen bieten eine Fülle an Synonymen und Redewendungen für die schriftlichen Aufgaben im Deutschunterricht. Auch wenn ein Text eine individuelle Leistung werden soll, die eben nicht den Standardfloskeln folgt, kann diese kleine Stütze zu Beginn für mehr Vielfalt sorgen.

Anleitung → Kopieren Sie die Vorlagen und laminieren Sie sie. Die Schüler können sie in Kärtchen schneiden, lochen und auf einen Schlüsselring ziehen. So sind die Floskeln immer zur Hand, wenn sie gerade einen Text schreiben und noch ein bisschen Formulierungshilfe brauchen. Bewusst wurde ein Kärtchen freigelassen, sodass Sie oder Ihre Schüler nach Belieben weitere Stil-Tipps ergänzen können.

S. 60 Textarten-Leporello

In ihrer Schullaufbahn lernen Schüler unterschiedliche Textarten kennen und können dabei ganz schön durcheinandergeraten. In welcher Zeit schreibt man noch mal eine Inhaltsangabe? Und einen Bericht? Ist eine Analyse immer Teil einer Interpretation? Was darf ich nicht vergessen, wenn ich einen Brief schreibe? Dieses Leporello fasst die unterschiedlichen Merkmale noch einmal knapp zusammen, sodass die Schüler sie auf einen schnellen Blick beim Schreiben bereit haben.

Anleitung → Schreiben Sie die in den Kästchen beschriebenen Textarten durcheinander an die Tafel: **Drameninterpretation, Interpretation eines Prosatextes, Gedichtinterpretation, Erlebniserzählung, Erzählung nach Vorbildern, Personen- oder Gegenstandsbeschreibung, Vorgangsbeschreibung, Sitzungsprotokoll, Versuchsprotokoll, lineare Erörterung, dialektische Erörterung, persönlicher Brief, Geschäftsbrief, Bericht, Inhaltsangabe.**

Die Schüler müssen für das Leporello nur die einzelnen Streifen ausschneiden und jeweils an der Lasche am Ende zusammenkleben. Dann ordnen sie jedem Feld eine Textart zu, die sie erst einmal mit Bleistift in das entsprechende Kästchen schreiben. Nach der gemeinsamen Überprüfung schreiben sie die Überschriften mit Kuli o.Ä. Danach falten sie den Streifen im Zickzack zusammen und gestalten das Titelblatt. Gegebenenfalls können sie auch noch weitere Textarten ergänzen.

Tipp → Die Schüler können die Rückseiten der Zettel zusammenkleben und aus dem Leporello ein kleines Heft machen.

S. 63 Übersicht Reimschemata

Ob selbst gedichtete Strophe oder Interpretation: Schüler müssen sich regelmäßig mit Reimschemata beschäftigen. In den „Lückengedichten" sind die wichtigsten Reime kurz dargestellt – jeweils in einer kleinen Strophe, die sich selbst beschreibt. So können die Schüler die Schemata regelmäßig wiederholen.

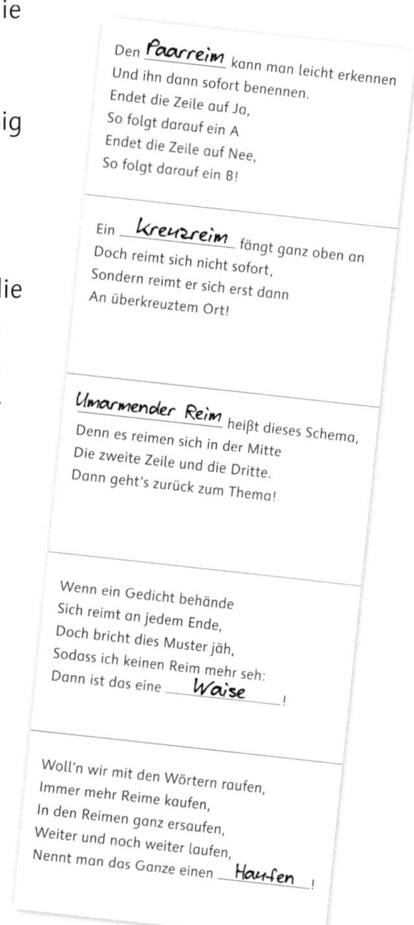
Den Paarreim kann man leicht erkennen
Und ihn dann sofort benennen.
Endet die Zeile auf Ja,
So folgt darauf ein A
Endet die Zeile auf Nee,
So folgt darauf ein B!

Ein Kreuzreim fängt ganz oben an
Doch reimt sich nicht sofort,
Sondern reimt er sich erst dann
An überkreuztem Ort!

Umarmender Reim heißt dieses Schema,
Denn es reimen sich in der Mitte
Die zweite Zeile und die Dritte.
Dann geht's zurück zum Thema!

Wenn ein Gedicht behände
Sich reimt an jedem Ende,
Doch bricht dies Muster jäh,
Sodass ich keinen Reim mehr seh:
Dann ist das eine Waise!

Woll'n wir mit den Wörtern raufen,
Immer mehr Reime kaufen,
In den Reimen ganz ersaufen,
Weiter und noch weiter laufen,
Nennt man das Ganze einen Haufen!

Anleitung → Kopieren Sie das Blatt für jeden Schüler. Sie schneiden die Tabelle aus, knicken sie in der Mitte und kleben sie zusammen. Beschäftigen sie sich im Unterricht mit Gedichten, können sie die Reime zur Hand nehmen und sich z. B. mit einem Partner abfragen: einer liest die Strophe vor, der andere nennt den Namen und das Reimschema.

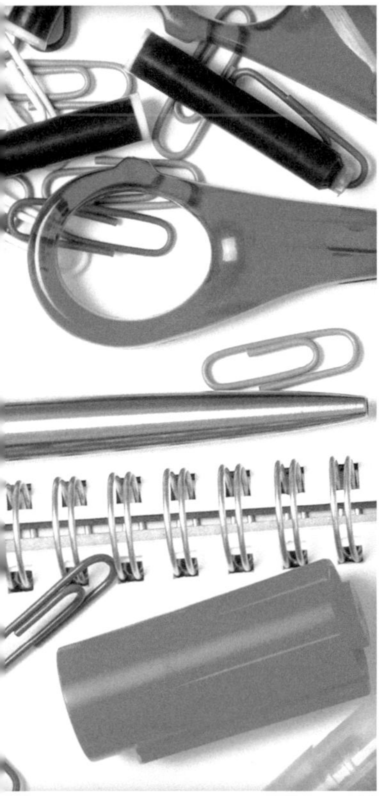

Foto: © stockpics – Fotolia.com

Bastelvorlagen

Brennpunkt- oder Schneeballmethoden-Schema

Name ①

Antwort / Vorschlag:

Name ②

Antwort / Vorschlag:

hier abknicken

Name ① + ②

Antwort / Vorschlag:

Name ③ + ④

Antwort / Vorschlag:

hier abknicken

Name ① + ②

Name ③ + ④

Antwort / Vorschlag:

Pro- und Kontra-Karten

1 | 2

PRO	Ich wäre für …, weil …
Ein Grund, der für … spricht, ist …	Folgende Argumente sprechen dafür: 1. …, 2. …, 3. …
… hätte den Vorteil, dass …	**KONTRA**
Für … spricht, dass …	… hätte den Nachteil, dass …
Dafür spricht, …	Ein wichtiger Einwand ist:
Ein weiteres Argument für … ist, …	Gegen … spricht …
Einer der wichtigsten Gründe für … ist:	Dagegen spricht:

 | ISBN 978-3-8346-2917-3 | www.verlagruhr.de

Pro- und Kontra-Karten

2 | 2

Das würde aber bedeuten, dass …	Was mir an … gut/nicht so gut gefällt, ist …
Ein Grund der gegen … spricht, ist …	Ich finde die Idee gut, denn …
Einer der wichtigsten Gründe gegen … ist:	Ich finde, wir sollten/man sollte …
Folgende Argumente sprechen dagegen: 1. …, 2. …, 3. …	Ich fände … die beste Lösung.
STANDPUNKT	Ich bin der Meinung ….
Meiner Meinung nach …	Ich bin der Ansicht …
… ist für mich keine Option, weil …	Ich sehe das anders: …

© Verlag an der Ruhr | ISBN 978-3-8346-2917-3 | www.verlagruhr.de

Feedback-Karten

JA

PRO

RICHTIG

© redcollegiya – Fotolia.com

NEIN

KONTRA

FALSCH

© redcollegiya – Fotolia.com

ICH WEISS NICHT.

KEINE MEINUNG

UNENTSCHIEDN

© redcollegiya – Fotolia.com

Blitzlicht-Pyramide

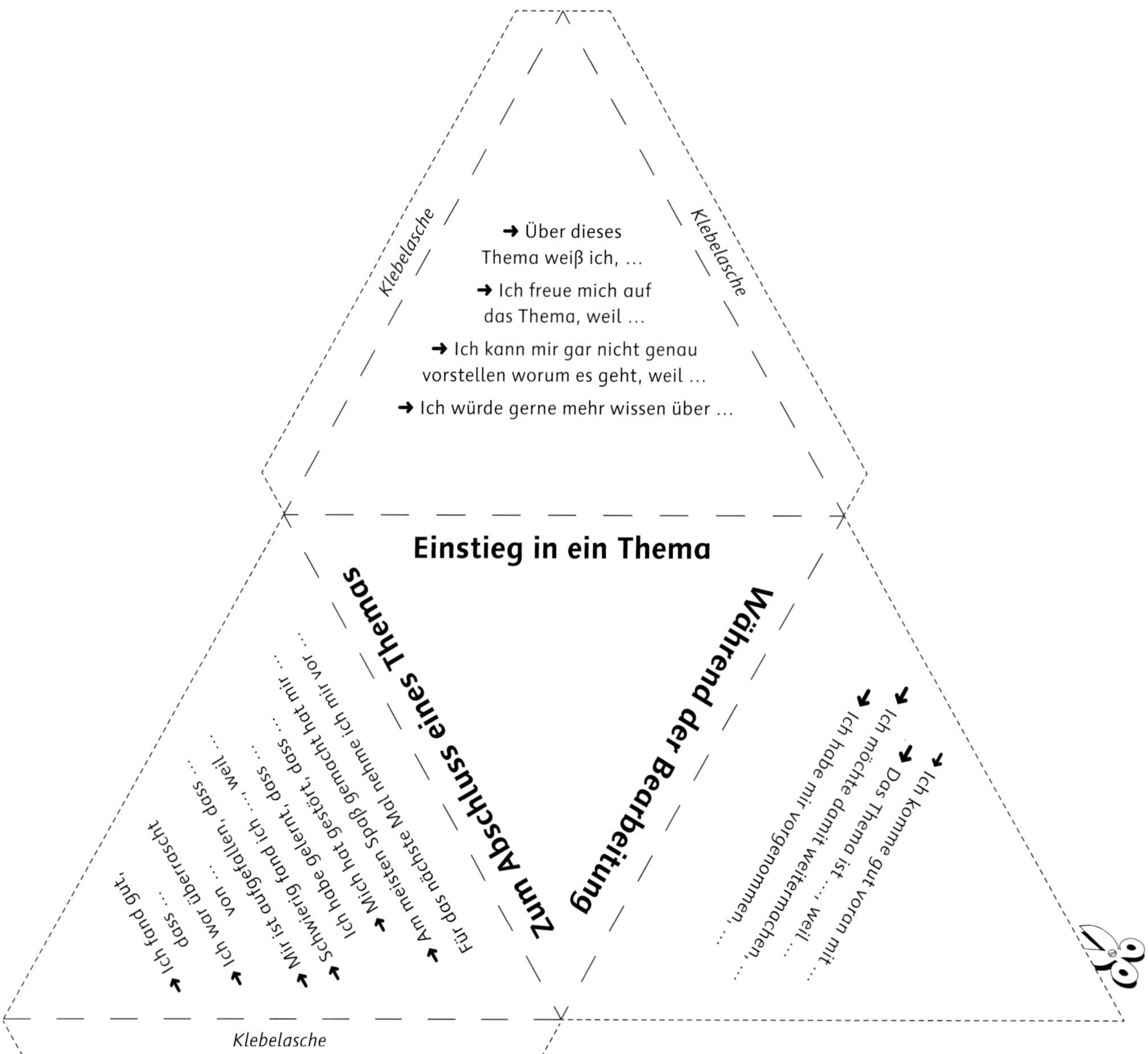

© Verlag an der Ruhr | ISBN 978-3-8346-2917-3 | www.verlagruhr.de

Gefühlsdaumenkino

1 | 2

Klebelasche **verunsichert**	*Klebelasche* **motiviert**	*Klebelasche* **verärgert**
Klebelasche **gelangweilt**	*Klebelasche* **neugierig**	*Klebelasche* **enttäuscht**
Klebelasche **irritiert**	*Klebelasche* **aufgeregt**	*Klebelasche* **wütend**
Klebelasche **ängstlich**	*Klebelasche* **glücklich**	*Klebelasche* **zufrieden**
Klebelasche **begeistert**	*Klebelasche* **schüchtern**	*Klebelasche* **entspannt**
Klebelasche **gestresst**	*Klebelasche* **nachdenklich**	*Klebelasche* **niedergeschlagen**

Gefühlsdaumenkino

Klebelasche	**unentschlossen**	*Klebelasche*	**froh**	*Klebelasche*	**traurig**
Klebelasche	**erschöpft**	*Klebelasche*	**interessiert**	*Klebelasche*	**deprimiert**
Klebelasche	**müde**	*Klebelasche*	**euphorisch**	*Klebelasche*	**skeptisch**
Klebelasche	**zweifelnd**	*Klebelasche*	**nervös**	*Klebelasche*	**unbeschwert**
Klebelasche	**entzückt**	*Klebelasche*	**empört**	*Klebelasche*	**frustriert**
Klebelasche	**lustlos**	*Klebelasche*	**bekümmert**	*Klebelasche*	**furchtsam**

© Verlag an der Ruhr | ISBN 978-3-8346-2917-3 | www.verlagruhr.de

Reflexionshand

SMS/Tweet-Vorlage

Tweet
(140 Zeichen)

SMS
(160 Zeichen)

© Verlag an der Ruhr | ISBN 978-3-8346-2917-3 | www.verlagruhr.de

Evaluations-Zielscheibe

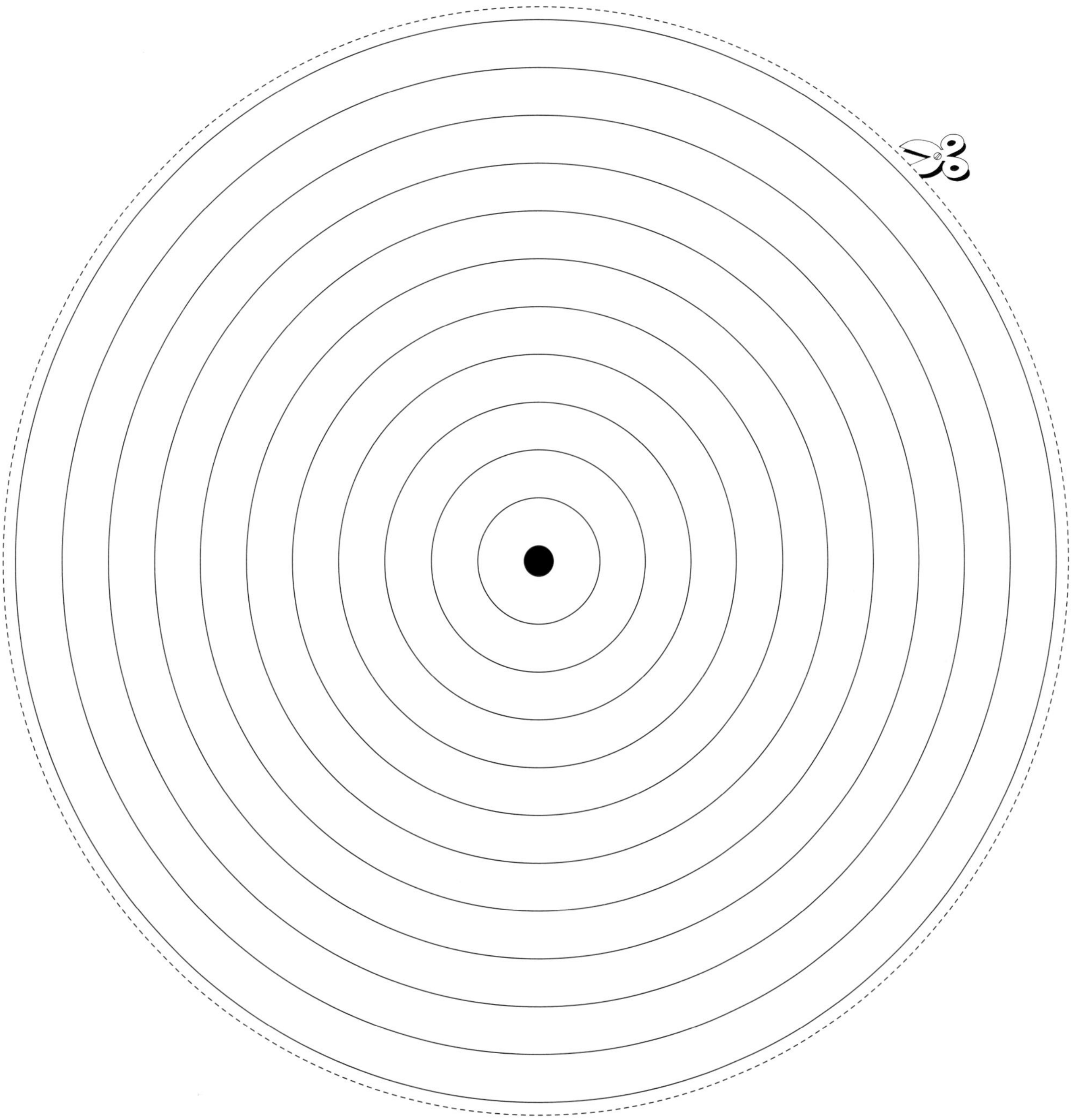

 | ISBN 978-3-8346-2917-3 | www.verlagruhr.de

Gruppenpuzzle-Puzzle (Jigsaw-Puzzle)

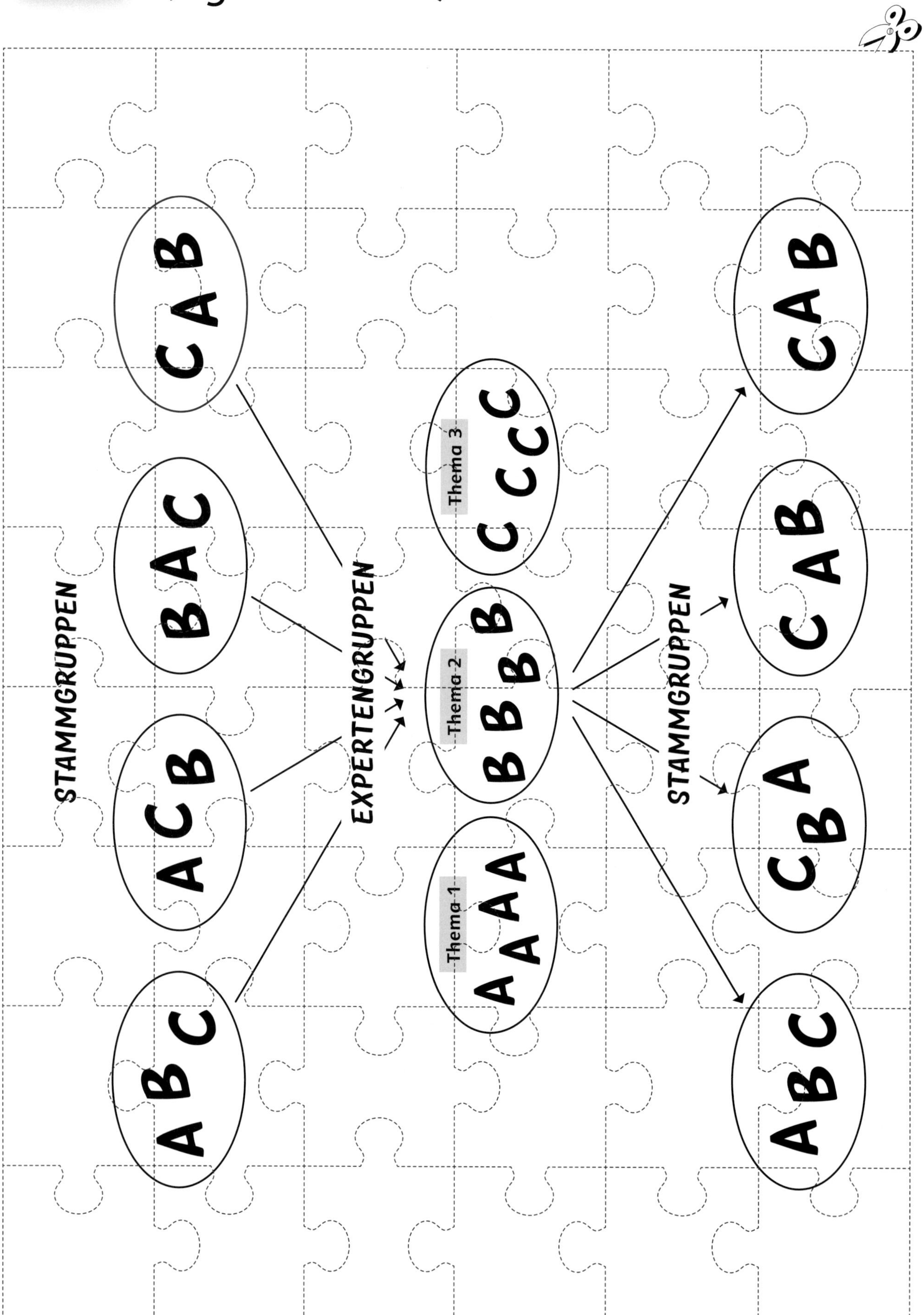

 | ISBN 978-3-8346-2917-3 | www.verlagruhr.de

Denkwürfel für Perspektivdiskussionen

Klebelasche

Klebelasche

Analytiker
Welche Zahlen gibt es? Welche Fakten? Dir ist alles wichtig, was objektiv und messbar ist.

Klebelasche

Klebelasche

Emotionaler
Du hörst ganz auf dein Gefühl. Was gefällt dir und was nicht? Was sagt dein Bauch?

Pessimist
Du achtest auf die Fakten, jedoch siehst du vor allem die negativen Aspekte. Du kritisierst und gehst immer vom Schlimmsten aus.

Optimist
Du achtest auf die Fakten, betonst dabei aber die positiven Aspekte. Was sind die Vorteile und welche Chancen siehst du?

Klebelasche

Klebelasche

Kreativer
Du sammelst Ideen und bist innovativ. Du kritisierst und bewertest nicht, sondern denkst dir Neues aus.

Klebelasche

Ordentlicher
Du bist strukturiert und sortierst die Dinge, um einen guten Überblick zu behalten.

 | ISBN 978-3-8346-2917-3 | www.verlagruhr.de

Brainstorming-, Mindmap-, Clustertabelle

BEIM BRAINSTORMING ...	
FÜR EINE MINDMAP ...	
IN EINEM CLUSTER ...	

Beim Brainstorming ...	⇨ sammel ich wahllos Gedanken zum Thema.
Beim Brainstorming ...	⇨ suche ich spontan nach Begriffen zum Thema.
Beim Brainstorming ...	⇨ notiere ich alles auf einem Blatt Papier.
Beim Brainstorming ...	⇨ sind alle Einfälle erlaubt und werden notiert.
Beim Brainstorming ...	⇨ streiche ich am Schluss Unpassendes heraus.
Für eine Mindmap ...	⇨ notiere ich das Thema in der Mitte eines Blattes.
Für eine Mindmap ...	⇨ sammel ich Stichpunkte zum Thema.
Für eine Mindmap ...	⇨ trage ich die Stichpunkte nach Wichtigkeit ein.
Für eine Mindmap ...	⇨ verbinde ich alles mit Haupt- und Nebenlinien.
Für eine Mindmap ...	⇨ erläutere ich die Linien mit Wörtern/Bildern.
In einem Cluster ...	⇨ sammel ich viele Stichwörter zu einem Thema.
In einem Cluster ...	⇨ steht das Thema in der Mitte des Blattes.
In einem Cluster ...	⇨ notiere ich die Stichwörter einzeln auf dem Blatt.
In einem Cluster ...	⇨ ziehe ich je eine Linie vom Thema zum Wort.
In einem Cluster ...	⇨ streiche ich Überflüssiges und ergänze Ideen.

© Verlag an der Ruhr | ISBN 978-3-8346-2917-3 | www.verlagruhr.de

Wörterbuch-Lesezeichen

A B C D E F G H I J K L M N O P Q R S T U V W X Y Z

Mein Wörterbuch-Lesezeichen

Vergiss nicht, dass du nach der **Grundform** eines Verbs suchen musst!
- ⇨ *er isst – essen*
- ⇨ *er ist – sein*

Wenn du ein **zusammengesetztes Wort** nicht findest, kannst du die einzelnen Wörter nachschlagen:
- ⇨ *die Tafelkreide = die Tafel, die Kreide*

Wenn du ein Wort nicht findest, könnte es daran liegen, dass du es **falsch geschrieben** hast. Überlege, wie man es noch schreiben könnte:
- ⇨ *ne**h**mlich*
- ⇨ *n**ä**mlich*
- ⇨ *n**äh**mlich*

Die Wörter sind zuerst nach dem **Anfangsbuchstaben** und dann nach dem **zweiten** (und dann **dritten**, **vierten** …) Buchstaben sortiert:
- ⇨ ***Aa**l*
- ⇨ ***Ab**er*
- ⇨ ***Ac**h*
- ⇨ ***Ame**rika*
- ⇨ ***Amp**el*

Umlaute (**ä**, **ö** und **ü**) werden in der Regel genauso behandelt wie a, o und u:
- ⇨ ***Mai***
- ⇨ ***Mär**z*
- ⇨ ***Mas**t*

Schaue im Zweifelsfall einfach an mehreren Stellen nach.

© Verlag an der Ruhr | ISBN 978-3-8346-2917-3 | www.verlagruhr.de

ABC-Methode

A

B

C

D

E

F

G

H

I

J

K

L

M

N

O

P

Q

R

S

T

U

V

W

X

Y

Z

© Verlag an der Ruhr | ISBN 978-3-8346-2917-3 | www.verlagruhr.de

1 | 2

Placemats

4er-Gruppe

6er-Gruppe

5er-Gruppe

3er-Gruppe

Placemats

2 | 2

6er-Gruppe

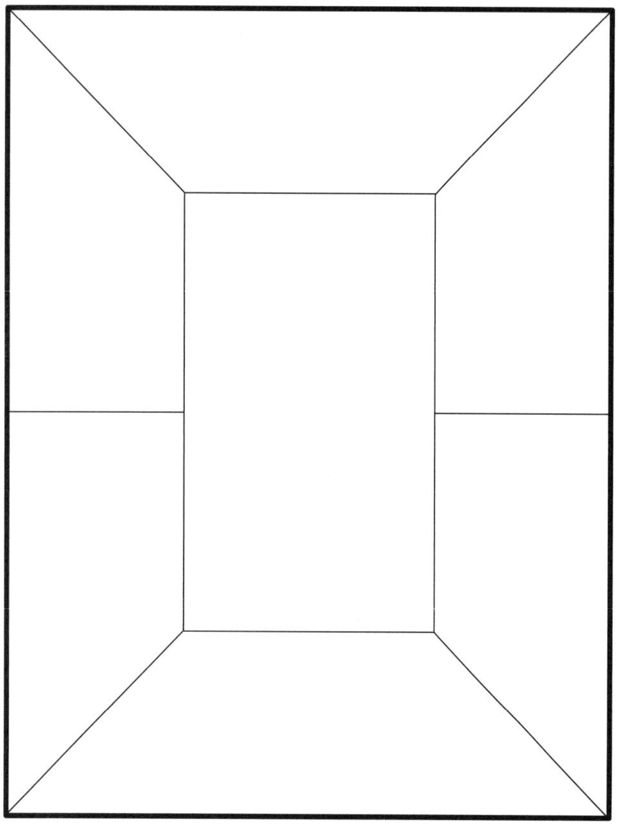

4er-Gruppe

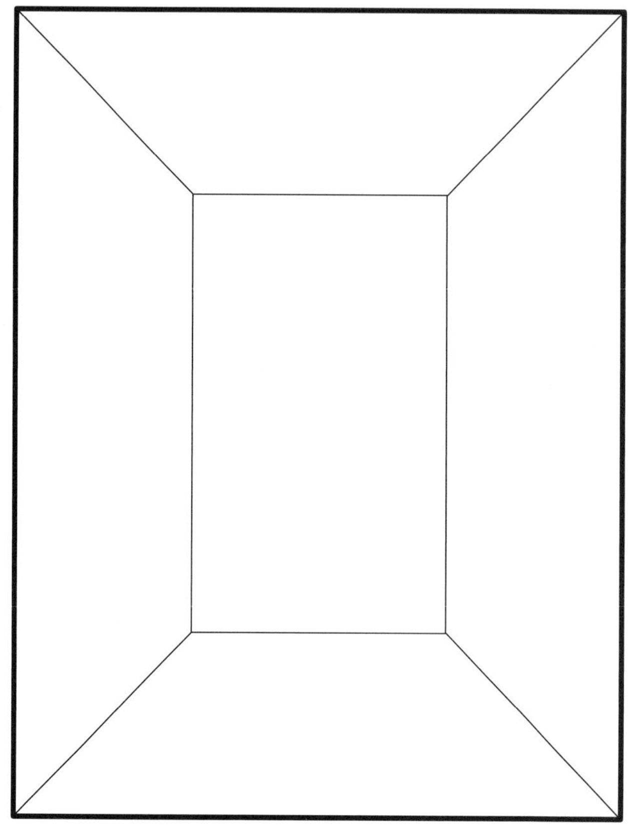

3er-Gruppe

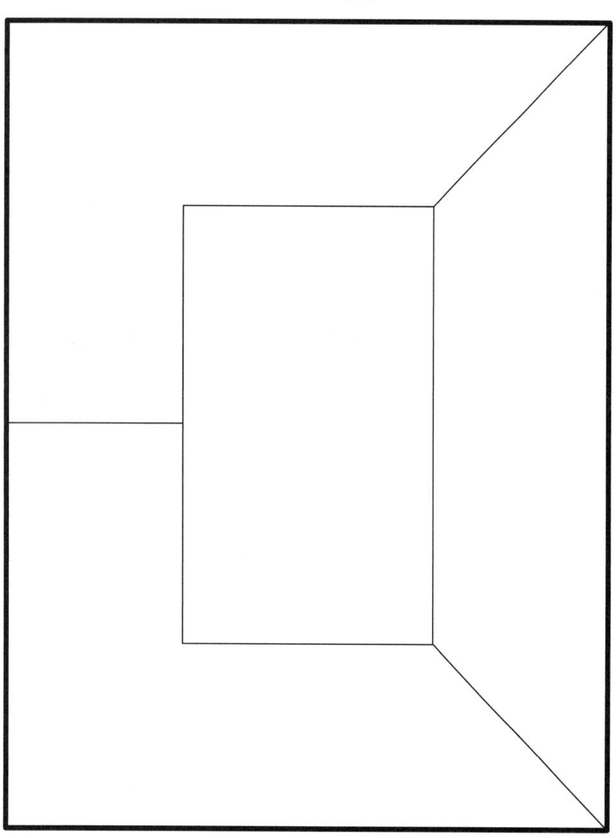

5er-Gruppe

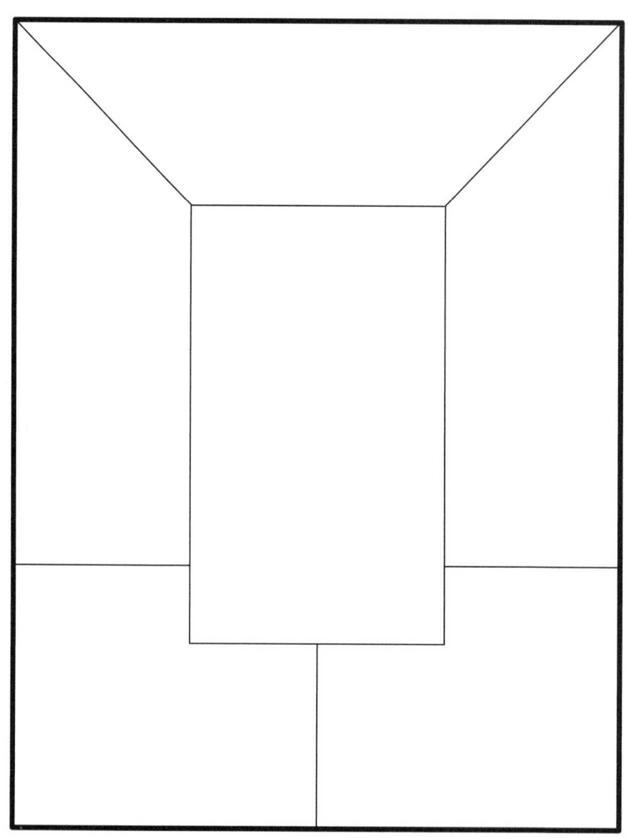

Fächer zur 5-Schritt-Lesemethode

5-Schritt-Lesemethode

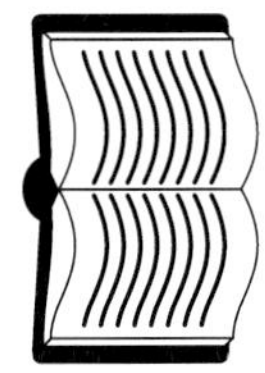

© Michael Schulz

① Überfliege!

- Lies den Text einmal grob durch. Was sticht dir ins Auge?
- Beachte Zwischenüberschriften und kursiv oder unterstrichen hervorgehobene Wörter.

② Frage!

- Wovon handelt der Text?
- Welche Informationen enthält er?
- Auf welche Fragen erwartest du Antworten?

③ Lies genau!

- Lies dir den Text durch und schlage unbekannte Wörter nach.
- Markiere unklare Stellen mit einem Fragezeichen.
- Kennzeichne wichtige Stellen und Schlüsselwörter mit einem Ausrufezeichen oder unterstreiche sie.

④ Gliedere!

- Teile den Text in Abschnitte ein und markiere sie.
- Suche zu jedem Abschnitt Überschriften, die den Inhalt wiedergeben.

⑤ Fasse zusammen!

- Formuliere die Hauptthesen des Textes.
- Kontrolliere, welche Fragen (Schritt 2) beantwortet wurden.
- Wiederhole den Inhalt in Gedanken.

 | ISBN 978-3-8346-2917-3 | www.verlagruhr.de

Lesekonferenz-Teilnehmer

1

- ⇨ Jetzt beginnen wir mit ...
- ⇨ Als nächster ist ... dran.
- ⇨ Der nächste Schritt ist ...
- ⇨ Das machen wir weiter: ...
- ⇨ Das führt zu weit: ...
- ⇨ Wir fassen unsere Ergebnisse so zusammen ...

2

- ⇨ Ich vermute, dass im nächsten Abschnitt ...
- ⇨ Daraus schließe ich, dass ...
- ⇨ Ich glaube, dass jetzt Folgendes geschieht: ...
- ⇨ Meiner Meinung nach, geht es jetzt damit weiter, dass ...
- ⇨ Ich weiß wirklich nicht wie es weitergehen könnte, weil ... Vielleicht ...
- ⇨ Es wäre möglich, dass ...

3

- ⇨ Wer tut etwas?
- ⇨ Warum macht er es?
- ⇨ Was passiert genau?
- ⇨ Wie geschieht es?
- ⇨ Wo findet das Geschehen statt?

© Verlag an der Ruhr | ISBN 978-3-8346-2917-3 | www.verlagruhr.de

Lesekonferenz-Teilnehmer

2 | 2

4

- ➪ Dieser Abschnitt handelt von ...
- ➪ Hier geht es um ...
- ➪ Das Wichtigste erscheint mir ...
- ➪ Die Kernaussage ist, ...
- ➪ Der Autor erklärt/beschreibt/behauptet ...
- ➪ Hier wird darauf eingegangen ...

5

- ➪ Die Bedeutung von ... ist mir nicht ganz klar.
- ➪ Dieser Satz ist kompliziert. Sollen wir gemeinsam überlegen, was ...?
- ➪ Weiß jemand, was .../warum ...?
- ➪ Wie können wir eine Erklärung bekommen für ...
- ➪ Das Wort verstehe ich nicht. Sollen wir es nachschlagen?

Lesetagebuch-Deckblatt

LESETAGEBUCH

zum Buch

____

von ______________________________

Begonnen am ____________________

Durchgelesen am ____________________

Dieses Tagebuch wird erstellt von ____________________

© Verlag an der Ruhr | ISBN 978-3-8346-2917-3 | www.verlagruhr.de

Lesetagebuch-Deckblatt

2 | 2

INHALTSVERZEICHNIS

Hinweise zur Gestaltung des Tagebuchs:

- Gestalte die Titelseite schön.
- Bemühe dich um Sauberkeit, damit du auch später noch gern in dein Lesetagebuch schaust.
- Schreibe immer möglichst schnell nach dem Lesen ins Tagebuch, damit dir alles noch frisch in Erinnerung ist.
- Schreibe direkte Zitate aus dem Buch immer in einer besonderen Farbe und gib an, auf welcher Seite sie stehen.
- Schreibe immer eine Überschrift über deine Seiten und gib an, auf welche Stelle im Buch sie sich beziehen.
- Schreibe oder klebe auch zusätzliche relevante Informationen ein (Landkarten, Bilder o. Ä.).
- Ergänze nach und nach das Inhaltsverzeichnis.

Windrose Reziprokes Lesen

N

Überlege dir Fragen zum Text. Auf welche gibt der Abschnitt Antworten?

O

Was ist unverständlich? Welche Wörter sollten geklärt werden?

S

Fasse den Abschnitt zusammen.

W

Was ist deine Vorhersage? Was glaubst du, wie der Text weitergeht?

© Verlag an der Ruhr | ISBN 978-3-8346-2917-3 | www.verlagruhr.de

Zeilometer

← Beispiel für ein Zeilometer, angepasst an den Zeilenabstand der jeweiligen Lektüre.

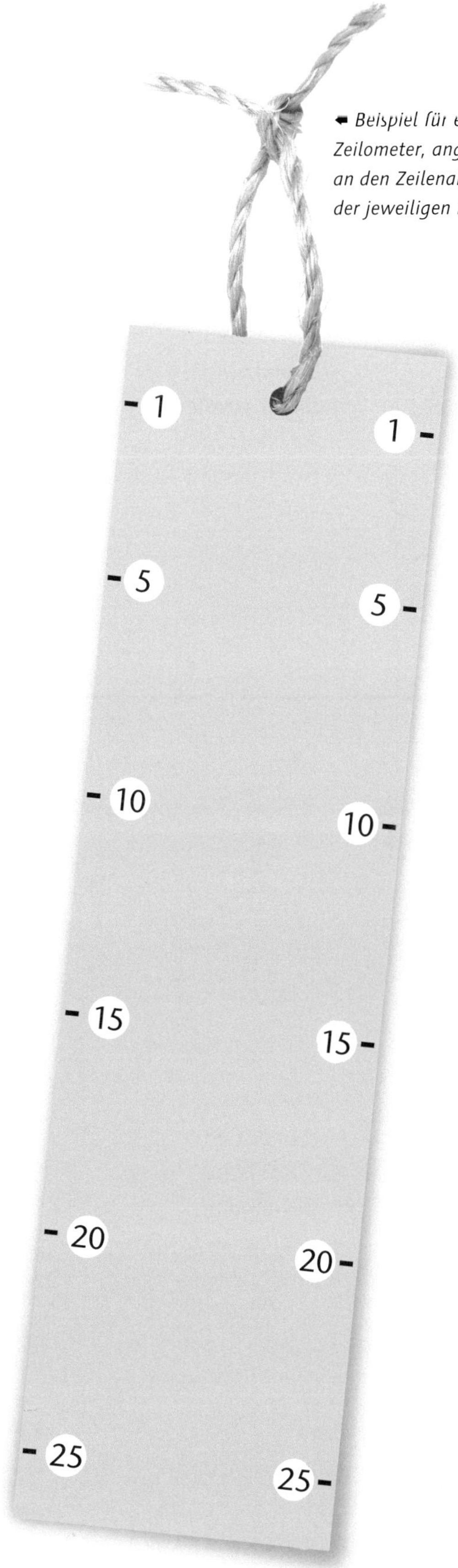

Referat-Klammerrätsel

Ist die Aussage richtig oder falsch?			Lösungen
Das Thema des Referats muss eindeutig sein, und am Anfang des Vortrags genannt werden.	richtig falsch	richtig	
Deine Gliederung muss nur für dich erkennbar sein. Die Zuhörer folgen ohnehin nur dem Verlauf des Vortrags.	richtig falsch	falsch	Deine Gliederung muss deutlich erkennbar sein. Am besten gibst du sie zu Beginn allen bekannt.
Schreibe eine Einleitung, in der du das Thema ausführlich vorstellst.	richtig falsch	falsch	Schreibe eine Einleitung, in der du das Thema kurz vorstellst.
Im Hauptteil bringst du alle wichtigen Punkte oder Argumente unter.	richtig falsch	richtig	
Vermeide, Beispiele zu benutzen. Das macht den Vortrag zu lang und er wird unverständlich.	richtig falsch	falsch	Nenne Beispiele für deine wichtigsten Thesen. Das macht es für alle verständlicher.
Im Schluss fasst du noch einmal das Wichtigste zusammen und überlässt es den Zuhörern, ein Fazit zu ziehen.	richtig falsch	falsch	Im Schluss fasst du noch einmal zusammen, was wichtig war und schreibst ein Fazit.
Benutze Bilder oder Grafiken, um deine Punkte zu verdeutlichen: Dafür kannst du Handouts, Folien, PowerPoint-Präsentationen oder ein Plakat nutzen.	richtig falsch	richtig	
Schreibe Informationen nicht einfach ab. Notiere die Quellen, die du benutzt hast, und überprüfe, ob sie glaubwürdig sind.	richtig falsch	richtig	
Schreibe dir für den Vortrag deinen Redetext komplett auf. So kannst du ihn im Notfall ablesen.	richtig falsch	falsch	Mache dir für den Vortrag nur Notizen und vertraue deiner Erinnerung. So fällt es dir leichter, frei zu reden.

Redner-Domino

EIN GUTER REDNER ⇨	Mache dir für den …	Vortrag nur Notizen.	Übe den Vortrag zu Hause …
schon mal vorm Spiegel.	Komme pünktlich und bereite …	die Präsentation vor.	Beginne mit einer …
Vorstellung deines Themas.	Erkläre kurz den …	Ablauf deines Referats.	Vertraue deiner Erinnerung …
und sprich frei.	Schaue deine Zuhörer …	beim Vortrag an.	Sprich langsam …
und deutlich.	Lasse genug Zeit …	für Fragen.	Mache zwischen den …
Sätzen genug Pausen.	Ziehe am Schluss …	ein Fazit.	**EIN GUTES REFERAT!**

© Verlag an der Ruhr | ISBN 978-3-8346-2917-3 | www.verlagruhr.de

Plakat-Mindmap

Benutze grafische Elemente, um das Plakat ansprechend zu gestalten.	Sie muss deutlich erkennbar sein.
Die **Teilthemen** müssen deutlich erkennbar sein.	Wähle eine gut lesbare Schrift.
Überprüphe dein Plackat genau auf Feeler.	Mache zunächst eine Skizze.
Das **Thema** muss deutlich erkennbar sein.	Überlege, ob Hoch- oder Querformat am besten passt.
Die **Form** soll das Lesen unterstützen.	Sie werden z. B. im Kreis angeordnet.
Wähle gut unterscheidbare Farbkontraste.	Ein Plakat braucht eine **Gliederung**.
Verwende am besten DIN-A2- oder DIN-A3-Papier.	

Plakat-Mindmap

2 | 2

Sie muss deutlich erkennbar sein.

Ein Plakat braucht eine **Gliederung**.

Sie werden z. B. im Kreis angeordnet.

Die **Teilthemen** müssen deutlich erkennbar sein.

Das **Thema** muss deutlich erkennbar sein.

Die **Form** soll das Lesen unterstützen.

Überlege, ob Hoch- oder Querformat am besten passt.

Wähle eine gut lesbare Schrift.

Benutze grafische Elemente, um das Plakat ansprechend zu gestalten.

Überprüphe dein Plackat genau auf Feeler.

Wähle gut unterscheidbare Farbkontraste.

Mache zunächst eine Skizze.

Verwende am besten DIN-A2- oder DIN-A3-Papier.

© Verlag an der Ruhr | ISBN 978-3-8346-2917-3 | www.verlagruhr.de

„Basis“ Kommasetzung-Rollkartei

1 | 2

– 2 –

(B)estimmungen

Ich finde Kommaregeln einfach, besonders diese.

– 4 –

(A)ufzählungen

Ich überprüfe den Inhalt, die Rechtschreibung und die Kommasetzung.

KOMMAREGELN

– 1 –

Nachgestellte genauere Bestimmungen werden durch ein Komma abgetrennt. Diese werden häufig eingeleitet durch Ausdrücke wie „zum Beispiel“, „und zwar“, „und das“, „das heißt“ oder „nämlich“, aber nicht unbedingt.

– 3 –

– 6 –

(S)ätze

Als er diese Regel verstanden hatte, merkte er, dass es ganz einfach war.

– 8 –

(I)nfinitivgruppen

Ich habe es mir noch mal durchgelesen, um es zu verstehen.

Gleichrangige Aufzählungen werden immer durch Komma abgetrennt, wenn sie nicht durch „und“ oder „oder“ miteinander verbunden sind. Ob es sich um eine gleichrangige Aufzählung handelt, kann ich feststellen, indem ich probehalber ein „und“ einsetze.

– 5 –

Egal ob Haupt- oder Nebensätze. Wenn diese miteinander verbunden werden, steht zwischen ihnen ein Komma.

– 7 –

© Verlag an der Ruhr | ISBN 978-3-8346-2917-3 | www.verlagruhr.de

„Basis" Kommasetzung-Rollkartei

– 10 –

„sondern"

Diese Regel ist nicht leicht, sondern superleicht.

– 12 –

____

Sogenannte Infinitivgruppen – Nebensätze mit zu + Infinitiv – werden durch Komma abgetrennt.

– 9 –

Vor „sondern" steht immer ein Komma!

– 11 –

← Schneide ein Stück feste Pappe auf diese Größe zurecht und knicke es in der Mitte. Es dient als Halter für deine Regelkärtchen.

Rechtschreibstrategien-Rollkartei

1 | 2

– 2 –

„dass" oder „das"?

– 4 –

„ä" oder „e"?
„äu" oder „eu"?

RECHTSCHREIBUNG

– 1 –

Mache die **Ersatzprobe**!
Wenn du „das" durch „welches" ersetzen kannst, wird es mit nur einem „s" geschrieben.

– 3 –

– 6 –

„s" oder „ß"?

– 8 –

Auslaut?

Mache den **Verwandtschaftstest**!
Ist dein Wort mit einem anderen verwandt, das dir etwas über die Schreibweise verraten könnte?
Haus → Häuser

– 5 –

Mache den **Vokaltest**!
Hörst du vor dem „s"-Laut einen langen Vokal, schreibst du „ß".
Hörst du davor einen kurzen Vokal, schreibst du „ss".

– 7 –

Rechtschreibstrategien-Rollkartei

– 10 –

Groß oder klein?

– 12 –

Wenn du nicht weißt, wie das Wort endet, mache die **Verlängerungsprobe**! Setze Nomen in die Mehrzahl, steigere Adjektive, setze Verben in eine andere Form.

– 9 –

Mache die **Artikelprobe**! Kannst du einen Artikel vorstellen? Großgeschrieben wird auch nach: *am, beim, im, etwas, viel*

– 11 –

← Schneide ein Stück feste Pappe auf diese Größe zurecht und knicke es in der Mitte. Es dient als Halter für deine Regelkärtchen.

Schreibtippfächer

Schreibtipps für gute Texte

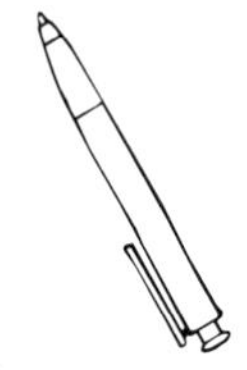
© Anja Boretzki

- Hat dein Text eine **Einleitung**, einen **Hauptteil** und einen **Schluss**?

Gliedern

- Benutze **aussagekräftige Verben** und **bildhafte Adjektive**!

Wortwahl

- Male dir genau aus, was du beschreibst und denke dabei (möglichst) an **alle Sinne**: Wie sieht es aus? Wie riecht es? Wie fühlt es sich an? Wie hört es sich an? Wie schmeckt es?

Sinne

- Benutze sprachliche Bilder, um Dinge anschaulich zu beschreiben – **Metaphern** („Er ist ein schlauer Fuchs.") und **Vergleiche** („Er ist schlau wie ein Fuchs.")

Bilder

- Wähle **unterschiedliche Satzkonstruktionen** (Haupt- und Nebensätze), sonst klingt ein Text schnell eintönig.

Satzbau

- Versuche auch, **Gedanken** und **Gefühle** wiederzugeben: Was geht in den Personen deiner Geschichte vor? Wie fühlen sie sich? Wie verändern sie sich?

innere Haltung

Drehscheibe Textanalyse

Analyse eines literarischen Textes

Fenster ausschneiden

Hast du an alle Aspekte gedacht?

© Norbert Höveler

Vorderseite Hülle

Schreibhinweise

Fenster ausschneiden

Klebelasche

Rückseite Hülle

Klebelasche

© Verlag an der Ruhr | ISBN 978-3-8346-2917-3 | www.verlagruhr.de

2 | 2

Drehscheibe Textanalyse

Scheibe für die ***Textanalyse***

- Was für eine Textsorte liegt vor?
- An welchem Ort findet die Geschichte statt?
- Zu welcher Zeit findet die Geschichte statt?
- Welche Personen kommen vor?
- Wie ist die Konstellation der Personen?
- Aus welcher Perspektive wird erzählt?
- Um welches Thema geht es in dem Text?
- Welcher Konflikt wird geschildert?
- Wie wird erzählt, in welchem Stil?
- Gibt es sprachliche Besonderheiten?
- Was ist/sind die Kernaussage/n des Textes?
- Was ist deine Meinung dazu?

Scheibe für die ***Schreibhinweise***

- Märchen, Kurzgeschichte, Roman …
- Land, Stadt, Wohnung, Umgebung, Landschaft …
- Jahr, Tageszeit, Uhrzeit …
- Hauptfiguren und Nebenfiguren
- Verwandtschaften, Freundschaften, Feindschaften …
- auktoriale, personale, Ich-Perspektive
- um diese Sache geht es im Kern der Geschichte
- dieses Problem wird geschildert
- Umgangssprache, literarische Sprache, sachlich, humorvoll …
- viele Hauptsätze, Metaphern, Alliterationen, wörtliche Rede …
- am Ende soll diese Erkenntnis stehen
- dein Standpunkt zur Kernaussage ist gefragt

© Verlag an der Ruhr | ISBN 978-3-8346-2917-3 | www.verlagruhr.de

Schreibkonferenz-Würfel

Klebelasche

Inhalt

Worum geht es?
Versteht man die
Informationen/die
Handlung? Ist etwas
unklar? Fehlen wichtige
Informationen?

Klebelasche

Klebelasche

Klebelasche

Rechtschreibung/ Zeichensetzung

Sind auch schwierige
Wörter richtig
geschrieben? Sind Kommas
und Redezeichen korrekt
gesetzt?

Aufbau

Gibt es erkennbar
Einleitung – Hauptteil –
Schluss?
Ist die Reihenfolge
der Handlung/
der Informationen sinnvoll?

äußere Form

Gibt es Abschnitte
und Überschriften? Wird
richtig zitiert? Werden
Bilder, Grafiken,
Diagramme o.Ä.
eingesetzt?

Klebelasche

Klebelasche

Grammatik

Stimmt das Tempus?
Sind die Wörter
richtig gebeugt?
Werden Haupt- und
Nebensätze korrekt
gebildet?

Klebelasche

Sprache/Stil

Sind Wortwahl
und Satzbau
abwechslungsreich?
Werden treffende Verben
und Adjektive verwendet?
Werden unpassende
Formulierungen
vermieden?

 | ISBN 978-3-8346-2917-3 | www.verlagruhr.de

1 | 2

Stil-Schlüsselbund

Einleitung

- ⇨ aus aktuellem Anlass, ...
- ⇨ jeder stellt sich die Frage, ...
- ⇨ seit vielen Jahren, ...

Überleitung

- ⇨ darüber hinaus ...
- ⇨ weiterhin ...
- ⇨ ein weiterer Aspekt/ Gesichtspunkt ...
- ⇨ dabei muss auch bedacht werden, dass ...

Folgerung

- ⇨ daraus ergibt sich/folgt, ...
- ⇨ daraus kann man schließen/ableiten, dass ...
- ⇨ man kann also zum Schluss kommen, dass ...

Referenz

- ⇨ bei ... liest man:
- ⇨ kürzlich war in der ...-Zeitung zu lesen:
- ⇨ Herr ... beschreibt das wie folgt: ...

Abschluss

- ⇨ zusammenfassend lässt sich sagen, ...
- ⇨ abschließend ...
- ⇨ insgesamt ...

gliedern

- ⇨ zunächst, zuerst, zu Beginn
- ⇨ anschließend, danach, als Nächstes, im Folgenden, im Anschluss daran
- ⇨ abschließend, zum Schluss, schließlich

hervorheben

- ⇨ hervorheben
- ⇨ betonen
- ⇨ unterstreichen
- ⇨ vor allem
- ⇨ hauptsächlich
- ⇨ in erster Linie

hinzufügen

- ⇨ hinzu kommt ...
- ⇨ außerdem ...
- ⇨ hinzufügen
- ⇨ anmerken
- ⇨ erwähnen
- ⇨ zur Sprache bringen
- ⇨ ebenso, ebenfalls

Gegensätze

- ⇨ nicht nur ... sondern auch
- ⇨ einerseits ... andererseits
- ⇨ zum einen ... zum anderen
- ⇨ zwar ... aber
- ⇨ trotzdem
- ⇨ allerdings
- ⇨ jedoch

Der Autor

- ⇨ behandelt
- ⇨ meint
- ⇨ befasst sich mit
- ⇨ untersucht
- ⇨ stellt dar
- ⇨ beschreibt
- ⇨ hinterfragt

Sicherheit

- ⇨ ohne Frage/Zweifel ...
- ⇨ es ist bekannt ...
- ⇨ es steht außer Frage, dass ...

Unsicherheit

- ⇨ es ist fraglich, ob ...
- ⇨ es besteht Unsicherheit bezüglich der Frage, ob ...

© Verlag an der Ruhr | ISBN 978-3-8346-2917-3 | www.verlagruhr.de

Stil-Schlüsselbund

2 | 2

Vergleiche

⇨ im Vergleich zu …
⇨ … lässt sich vergleichen mit …

Gründe

⇨ dies hat unterschiedliche Gründe, die ich hier …
⇨ der Grund dafür ist, …
⇨ aufgrund dieser Tatsache, …
⇨ darum/deswegen/deshalb

einschränken

⇨ zumindest
⇨ allerdings
⇨ wenigstens
⇨ was mich betrifft

gedankliche Folge

⇨ zunächst/zuerst …
⇨ zu Beginn …
⇨ dann …
⇨ anschließend …
⇨ im weiteren Verlauf …
⇨ abschließend …

Kontrast

⇨ dem widerspricht …
⇨ dem steht entgegen …
⇨ im Gegensatz dazu …
⇨ … hingegen …
⇨ ganz anders jedoch …

Meinung

⇨ meines Erachtens …
⇨ meiner Meinung nach …
⇨ persönlich finde ich …
⇨ was mich betrifft …

Zitat

⇨ in Zeile … steht:
⇨ bei … liest man:
⇨ … formuliert das wie folgt:

Steigerung

⇨ umso mehr …
⇨ vielmehr
⇨ mit höherer Wahrscheinlichkeit

Beleg

⇨ dazu sagt …
⇨ das wird bewiesen durch …
⇨ diese Aussage wird unterstützt durch …
⇨ das zeigt …

Abwägung

⇨ einerseits … andererseits
⇨ sowohl … als auch
⇨ zunächst … dann

Ableitung

⇨ dadurch wird klar, dass …
⇨ daraus geht hervor, dass …
⇨ daraus lässt sich ableiten, dass …
⇨ dadurch wird deutlich, dass …

____

© Verlag an der Ruhr | ISBN 978-3-8346-2917-3 | www.verlagruhr.de

Textarten-Leporello

MEIN TEXTARTEN-LEPORELLO

© Michael Schulz

- kurze **Einleitung** (Titel, Autor, Thema)
- **Inhaltsangabe** (Antwort auf die W-Fragen)
- **Szenenanalyse** (Textstelle genau zitieren, dann analysieren: konkrete Gestaltung der Szene, Epochenmerkmale, sprachliche Stilmittel, Charakterisierung der Figuren)
- **Deutung** (Was wird hier durch oben genannte Analyse zum Ausdruck gebracht?)
- **Schluss** (Fazit der Interpretation, keine persönliche Meinung)

- **Einleitung** (Titel, Autor, Thema)
- **These**
- **Inhaltsangabe** (Antwort auf die W-Fragen)
- **Textanalyse** (Textstelle genau zitieren, dann analysieren: Erzählperspektive und Gestaltung von Raum und Zeit, Charakterisierung der Figuren, sprachliche Stilmittel)
- **Deutung** (Was wird hier durch oben genannte Analyse zum Ausdruck gebracht?)
- **Schluss** (Fazit der Interpretation, keine persönliche Meinung)

- kurze **Einleitung** (Titel, Autor, Thema, kurz den Inhalt umreißen)
- **formale** Analyse (Metrum, Reimschema, Strophenaufbau, rhetorische Figuren)
- **sprachliche** Analyse (Stilmittel, Wortschatz, Satzbau)
- **inhaltliche** Analyse (Titel, Thematik)
- **Deutung** (Was bringt der Dichter hier zum Ausdruck und wie gelingt ihm das?)
- **Schluss** (Fazit der Interpretation, keine persönliche Meinung)

- **Einleitung** in der Vergangenheitsform (W-Fragen beantworten und neugierig auf das Thema machen, Umgebung und Gefühlslage schildern)
- im **Hauptteil** einen Spannungsbogen bis zum Höhepunkt führen.
  Der Höhepunkt wird mit kurzen Sätzen und einem Schwerpunkt der inneren Handlung geschrieben.
- im **Schlussteil** wird die Handlung zu Ende geführt, die Stimmung nach dem Erlebnis wird beschrieben.

- **Einleitung** in der Vergangenheitsform (W-Fragen beantworten und neugierig auf das Thema machen, Umgebung und Gefühlslage schildern)
- Im **Hauptteil** einen Spannungsbogen bis zum Höhepunkt führen.
- Im **Schlussteil** wird die Handlung zu Ende geführt, die Stimmung nach dem Erlebnis wird beschrieben.
- Beim Schreiben immer auf die **Merkmale** der Vorlage achten, z. B. Märchen: beginnt mit „es war einmal", die Zahl 3 spielt eine Rolle, ein Held muss eine Aufgabe erfüllen usw.

© Verlag an der Ruhr | ISBN 978-3-8346-2917-3 | www.verlagruhr.de

Textarten-Leporello

2 | 3

- in der **3. Person** schreiben und im Präsens (also „er ist")
- **vom Groben**, Offensichtlichen **zum Kleinen** hin arbeiten
- **objektiv** bleiben
- zahlreiche, abwechslungsreiche **Adjektive benutzen**

- **Überschrift** (worum geht es?)
- benötigte **Materialien** angeben
- im Hauptteil klare **Handlungsanweisungen** (nachvollziehbar und wiederholbar)
- am Schluss mögliche **Variationen**
- **Anrede einheitlich** (Sie, du oder man)
- alles im **Präsens** schreiben

- **Protokollkopf** (Datum, Ort, Anwesende und gegebenenfalls Abwesende, Name des Protokollanten)
- **Tagesordnungspunkte**
- sachliche Nennung der gefassten **Beschlüsse im Präsens** (wenn ein Ergebnisprotokoll verlangt wird)
- sachliche Nennung der gefassten Beschlüsse im Präsens, und wie man zu ihnen gekommen ist (wenn ein **Verlaufsprotokoll** verlangt wird), dabei werden Personen im Konjunktiv zitiert
- **Unterschrift** des Protokollführers
- ggf. Nennung der **Anlagen**

- Nennung des **Themas**
- **Name** und **Datum**
- **Fragestellung** (Wozu wird der Versuch durchgeführt?)
- **Hypothese** (Was ist die Vermutung, wie der Versuch ausgehen wird?)
- **Aufbau** (Beschreibung oder beschriftete Zeichnung des Aufbaus)
- **Durchführung** (sehr exakt beschreiben, da der Versuch wiederholbar sein muss)
- **Beobachtung** (an dieser Stelle objektive Messergebnisse und ähnliches nennen)
- **Deutung** (im Hinblick auf die Hypothese versuchen, die Beobachtungen zu verstehen, Besonderheiten erwähnen)

- **Einleitung** (Thema und aktueller Aufhänger)
- **Hauptteil** (ein Argument nach dem anderen, jeweils mit einem Beispiel. Das schwächste Argument wird zuerst genannt, das stärkste folgt am Schluss)
- **Schluss** (Zusammenfassung des Hauptteils, Ergebnisse, eigene Meinung, Blick in die Zukunft)
- **Achtung!** Nicht mit einer dialektischen Erörterung verwechseln.
- **Achtung!** Keine neuen Argumente in Einleitung oder Schluss bringen.

- **Einleitung** (Thema und aktueller Aufhänger)
- **Argumente** des **Gegenstandpunkts** (mit dem stärksten beginnen und mit dem schwächsten enden)
- **Argumente** des **bevorzugten Standpunkts** (mit dem schwächsten beginnen und mit dem stärksten enden)
- **Synthese** (Zusammenführung der Pro- und Kontra-Argumente, Kompromiss herausarbeiten)
- **Schluss** (Zusammenfassung des Hauptteils, Ergebnisse, eigene Meinung, Blick in die Zukunft)

Textarten-Leporello

- **sachlich** und **objektiv** im **Präteritum** geschrieben
- **Einleitung** (Wo, Wann, Wer, Was?)
- **Hauptteil** (exakte Wiedergabe der Geschehnisse in der richtigen Reihenfolge)
- **Schluss** (Folgen des Vorfalls und Ergebnisse)

- im **Briefkopf** den **Ort** und das **Datum** nennen
- ggf. eine **Betreffzeile** angeben, damit das Gegenüber weiß, worum es geht (z. B. „Kündigung des Vertrages")
- **Anrede** schreiben und danach ein Komma setzen, in der neuen Zeile beginnt dann der Text
- Briefpartner mit **„Sie"** anreden
- die Informationen so **kurz** und **sachlich** wie möglich angeben
- Brief mit **offiziellem Gruß** beenden, z. B. „Freundliche Grüße"
- **handschriftlich unterschreiben**

- in der **3. Person** schreiben und im Präsens (also „er ist")
- **vom Groben**, Offensichtlichen **zum Kleinen** hin arbeiten
- **Objektiv bleiben**
- zahlreiche, abwechslungsreiche **Adjektive** benutzen

- **Einleitung** (Titel, Autor, Thema)
- so **knapp** wie möglich **alle** wichtigen **Elemente** wiedergeben
- alle **W-Fragen** beantworten (Wer? Was? Wo? Wann? Warum?)
- immer im **Präsens** bleiben
- in **eigenen Worten** schreiben (nicht zitieren oder abschreiben)
- nicht bewerten, sondern **sachlich** bleiben

© Verlag an der Ruhr | ISBN 978-3-8346-2917-3 | www.verlagruhr.de

Übersicht Reimschemata

Paarreim

A
A
B
B

Den ____________ kann man leicht erkennen
Und ihn dann sofort benennen.
Endet die Zeile auf Ja,
So folgt darauf ein A
Endet die Zeile auf Nee,
So folgt darauf ein B!

Kreuzreim

A
B
A
B

Ein ________________ fängt ganz oben an
Doch reimt sich nicht sofort,
Sondern reimt er sich erst dann
An überkreuztem Ort!

Umarmender Reim

A
B
B
A

____________________ heißt dieses Schema,
Denn es reimen sich in der Mitte
Die zweite Zeile und die Dritte.
Dann geht's zurück zum Thema!

Waise

Eine einzelne Zeile, die ohne Reim endet.

Wenn ein Gedicht behände
Sich reimt an jedem Ende,
Doch bricht dies Muster jäh,
Sodass ich keinen Reim mehr seh:
Dann ist das eine ________________!

Haufenreim

A
A
A
A
A

Woll'n wir mit den Wörtern raufen,
Immer mehr Reime kaufen,
In den Reimen ganz ersaufen,
Weiter und noch weiter laufen,
Nennt man das Ganze einen ______________!

Medientipps

Nadja Bucher, Tanja Médard
Selbstständig Rechtschreibung üben.
Eine Kriminalgeschichte in 20 Wochenaufgaben.
Verlag an der Ruhr, 2012.
ISBN 978-3-8346-2270-9

Bryan Harris
Mehr Motivation und Abwechslung im Unterricht!
99 Methoden zur Schüleraktivierung.
Verlag an der Ruhr, 2013.
ISBN 978-3-8346-2328-7

Jonas Lanig
Deutsch inklusiv.
Differenzierungsmöglichkeiten und Unterrichtsbeispiele für die Sekundarstufe.
Verlag an der Ruhr, 2013.
ISBN 978-3-8346-2331-7

Alexandra Piel
Appetizer Deutsch.
Ideen und Materialien für themenorientierte Stundeneinstiege.
Verlag an der Ruhr, 2014.
ISBN 978-3-8346-2619-6

Alexandra Piel
Spiele zur Unterrichtsgestaltung – Deutsch.
Verlag an der Ruhr, 2013.
ISBN 978-3-8346-2330-0

Arthur Thömmes
Unterrichtsphasen erfolgreich gestalten.
Das große Methodenhandbuch für die Sekundarstufe.
Verlag an der Ruhr, 2014.
ISBN 978-3-8346-2568-7

Nina Wilkening
(Un)Geliebte Grammatik.
30 Lernspiele mit Merkregeln und Arbeitsblättern.
Verlag an der Ruhr, 2008.
ISBN 978-3-8346-0453-8

Nina Wilkening
(Un)Geliebte Rechtschreibung.
Lernspiele mit Merkregeln.
Verlag an der Ruhr, 2010.
ISBN 978-3-83460-740-9

Karola Wittschier, Michael Wittschier
Grammatik mit Bewegung.
30 Grammatik-Spiele zum besseren Lernen.
Verlag an der Ruhr, 2003.
ISBN 978-3-8607-2768-3

Das Universal-Lesetagebuch für alle Lektüren.
Kopiervorlagen zur Texterschließung im Deutschunterricht.
Verlag an der Ruhr, 2013.
ISBN 978-3-8346-2333-1